Moi, Charlemagne,
empereur chrétien

Max Gallo
de l'Académie française

Moi, Charlemagne, empereur chrétien

© XO Éditions, Paris, 2016
ISBN : 978-2-84563-650-7

« Notre-Seigneur Jésus-Christ régnant éternellement, moi, Charles, par la grâce et la miséricorde de Dieu, roi et maître du royaume des Francs et fervent défenseur de la Sainte Église, à tous les ordres de la pieuse hiérarchie ecclésiastique et aux dignitaires de la puissante administration séculière, salut de Paix perpétuelle et de béatitude dans le Seigneur Christ, notre Dieu éternel. »

Charlemagne
Capitulaire Admonitio generalis, 789

« Sous ce nom de David, animé par la même vertu et la même foi, Charles est maintenant notre chef et notre guide, un chef à l'ombre duquel le peuple chrétien repose dans la paix et qui de toutes parts inspire la terreur aux nations païennes, un guide dont la dévotion ne cesse, par la fermeté évangélique, de fortifier la foi catholique contre les sectateurs de l'hérésie, veillant à ce que rien de contraire à la doctrine des apôtres ne vienne se glisser en quelque endroit et s'employant à faire resplendir partout cette foi catholique à la lumière de la grâce céleste. »

Alcuin, 790

« Charles, d'heureuse mémoire, appelé à juste titre par toutes les nations le Grand Empereur, étant mort, après une belle vieillesse, aux environs de la troisième heure, laissa l'Europe entière emplie de félicité : car sa très haute sagesse et sa grande vertu le mettaient haut au-dessus de ses contemporains, au point qu'il se montra aux habitants de la Terre à la fois terrible, aimable et admirable, et par là rendit son règne glorieux et utile de toutes les manières ainsi qu'il apparut clairement à tous... »

Nithard
Histoire des fils de Louis le Pieux, 843

« Charlemagne savait punir ; il savait encore mieux pardonner. Vaste dans ses desseins, simple dans l'exécution, personne n'eut à un plus haut degré l'art de faire les plus grandes choses avec facilité, et les difficiles avec promptitude. Il parcourait sans cesse son vaste empire, portant la main partout où il allait tomber. Les affaires renaissaient de toutes parts : il les finissait de toutes parts. Jamais prince ne sut mieux braver les dangers, jamais prince ne les sut mieux éviter. Il se joua de tous les périls et particulièrement de ceux qu'éprouvent les grands conquérants, je veux dire les conspirations. [...] Il fut peut-être trop sensible au plaisir des femmes : mais un prince qui gouverna toujours par lui-même et qui passa sa vie dans les travaux peut mériter plus d'excuses. »

Montesquieu
De l'esprit des lois, 1748

« Charlemagne, au fond, était comme tous les autres conquérants, un usurpateur [...]. Il usurpa la moitié de la France sur son frère Carloman qui mourut trop subitement pour ne pas laisser des soupçons d'une mort violente ; il usurpa l'héritage de ses neveux et la subsistance de leur mère ; il usurpa le royaume de Lombardie sur son beau-père. On connaît ses bâtards, sa bigamie, ses divorces, ses concubines ; on sait qu'il fit assassiner des milliers de Saxons : et on en a fait un saint. »

Voltaire
Annales de l'Empire, 1754

1.

Moi, Charlemagne, empereur chrétien, je sais que Notre-Seigneur Jésus-Christ, régnant éternellement, va m'appeler auprès de lui. Il a daigné m'avertir, par de nombreux présages, de l'imminence de cet instant décisif.

Comment aurais-je pu ignorer que le Ciel et la Terre tremblaient ?

Trois ans de suite, de fréquentes éclipses de soleil et de lune ont effacé les cieux.

Huit jours durant, à compter du 17 mars 807, une tache noire a couvert l'un des bords du soleil.

Un portique que j'avais fait bâtir, à grand renfort de matériaux, ici, à Aix, entre la basilique et le palais, s'est écroulé subitement de fond en comble, le jour de l'Ascension du Seigneur. Ainsi il m'était interdit d'aller directement de l'un à l'autre.

Puis le feu ayant pris au pont de bois que j'avais fait jeter sur le Rhin, à Mayence – ce pont dont j'avais chaque jour, durant dix ans, surveillé la construction et dont j'étais sûr qu'il durerait bien au-delà du terme de ma vie –, l'incendie gagna si vite qu'au bout de trois heures, il ne restait pas une seule planche de ce qui était hors d'eau.

À chacun de ces présages, je sentais sur moi les regards anxieux de cette foule, de parents, de serviteurs, de nobles, d'épouses et de concubines, d'évêques. Mais je ne laissais rien paraître de cette certitude qui me gagnait, m'habitait bientôt tout entier.

Cependant plusieurs fois par jour, et à chacun des offices auxquels j'assistais ou bien lors de mes déambulations la nuit dans les vastes salles du palais, je murmurais :

« Seigneur, je remets mon âme entre tes mains. »

Je n'éprouvais, ni peur, ni doute, ni anxiété à la pensée de devoir comparaître devant Notre-Seigneur.

Tout au long de mes quarante-six années de règne, roi des Francs et roi des Lombards, couronné empereur à Rome par le souverain pontife Léon III – le jour même de la Nativité, le 25 décembre 800 –, j'avais été le fervent défenseur et l'humble serviteur de la Sainte Église. Et j'avais converti à la foi en Jésus-Christ les peuples que j'avais vaincus.

Mais je voulais me préparer à la confession, au jugement, et j'avais décidé de parcourir ma vie écoulée, de n'en rien laisser dans l'ombre, de me présenter devant Notre-Seigneur comme l'enfant au baptême.

J'avais alors, chaque nuit, puisque l'insomnie m'avait taraudé depuis des années, confié les principaux actes de ma vie à un jeune et talentueux clerc, qui venait du monastère de Fulda, et dont la virtuosité étonnait les vieux maîtres qui vivaient au palais. C'est ce jeune lettré, Éginhard, qui a donc commencé de recueillir mes propos, qu'il me relisait dès le lendemain.

Peut-être d'ailleurs n'aurais-je pas pris cette décision si je n'avais pas été atteint dans mon corps, comme si Notre-Seigneur avait voulu, en me secouant les entrailles, m'avertir qu'il fallait que je me presse d'entreprendre le récit de ma vie, car la comparution devant Lui était proche.

Notre-Seigneur me fit connaître par un signe éclatant ses intentions. C'était au printemps de l'an 810, il y a quatre ans donc.

Dans la guerre que depuis plus de trente ans je menais contre le peuple saxon – ces païens que j'avais toujours vaincus, qui se convertissaient à la religion de Notre-Seigneur puis, dès que mon armée s'éloignait, reniaient leur foi jurée et se rebellaient –, j'avais conduit mes troupes jusqu'aux rives de la Weser. Je connaissais ce paysage de plaine grise, interrompu ici et là par des massifs boisés qui surplombaient le cours d'eau.

J'avais longuement fixé les eaux du fleuve, et les comtes, les cavaliers, les fantassins étaient eux aussi figés. Ils se souvenaient comme moi de ces quatre mille cinq cents têtes que nous avions tranchées à quelques pas d'ici, à Verden, en 782.

L'eau du fleuve en était rouge cependant que le courant emportait les corps de ces prisonniers que j'avais décidé de châtier, puisqu'ils avaient feint de se convertir avec enthousiasme et ferveur.

Il fallait, si je voulais que cette guerre contre les Saxons se terminât, qu'il y ait un châtiment exemplaire, implacable et cruel.

Mais je n'avais jamais douté que Notre-Seigneur approuverait la punition, qu'au nom de notre religion j'avais décidé d'appliquer. Et le peuple saxon ne s'était plus rebellé. Mais le roi des Danois, Godefrid, en ce printemps 810, avait à son tour brandi le glaive et attaqué mes compagnies.

Alors, un jour de juin, avant le lever du soleil, j'avais à la tête de mes plus valeureux cavaliers franchi la Weser et m'étais dirigé vers le pays des Danois, où quelques irréductibles Saxons guidés par leur duc Widukind avaient trouvé refuge.

Je chevauchai donc sous un ciel serein que l'aube éclairait. L'air était vif et semblait avoir emporté cette fatigue qui pesait chaque jour un peu plus sur mes épaules.

Il est vrai que j'étais né le 2 avril 742, il y avait soixante-huit années, et j'étais le plus vieux de toute ma cour.

Tout à coup, je vis une torche éblouissante descendre miraculeusement du ciel et le fendre de droite à gauche.

Je l'avais suivie des yeux, me demandant quel était le sens de ce phénomène, ce qu'il présageait, et j'eus un instant la crainte que Dieu me rappelait les quatre mille cinq cents têtes saxonnes tranchées sur mon ordre, têtes de parjures mais têtes d'hommes.

« Je remets mon âme entre tes mains, Seigneur », ai-je dit. Au moment où je prononçais ces mots, mon cheval baissa brusquement la tête et me précipita à terre avec tant de violence que mon manteau se déchira, que le baudrier de mon glaive fut arraché. Je tentais en vain de me relever, mais mes jambes faiblissaient chaque fois que j'essayais de me redresser.

Mes serviteurs se précipitèrent, me soutinrent, ramassèrent mes armes, dont un javelot qui m'avait échappé des mains au moment de ma chute et que l'on retrouva à au moins vingt pieds de distance.

Je n'avais jamais douté de la volonté de Notre-Seigneur.

Après cette chute qui laissa mes yeux, durant tout le jour, couverts d'un voile gris, ma décision de faire le récit de ma vie à Éginhard me sembla être un commandement que Notre-Seigneur Jésus-Christ m'adressait.

En outre, si j'avais été tenté de ne pas obéir, d'autres présages manifestèrent la détermination de Dieu.

De fréquentes secousses, de sourds craquements ébranlèrent mon palais d'Aix, à la construction duquel j'avais tant veillé. J'avais obtenu du souverain pontife qu'il me fît parvenir des colonnes et des blocs de marbre provenant des ruines du forum romain.

Puis la foudre tomba sur la basilique, arrachant la pomme d'or qui surmontait le toit et la projetant sur la maison voisine qui servait de résidence à l'évêque.

Dieu me signifiait que je devais quitter ces lieux, ma vie de pouvoir et de gloire, afin de le rejoindre pour partager, moi, son humble serviteur et défenseur, son règne éternel.

J'eus le sentiment que tout devenait présage.

La fièvre, pour la première fois de ma vie, me terrassait. Et j'avais beau jeûner, ce qui m'avait jusqu'alors toujours permis de me débarrasser d'elle, celle-ci s'agrippait, brûlant mes forces. Et quand je pus enfin me relever, faire quelques pas, je tressaillis.

Il y avait dans la basilique, sur le pourtour de la portion du mur comprise entre les arcades du bas et celles de l'étage supérieur, une inscription en lettres rouges donnant le nom du fondateur de l'Église.

Au dernier vers, on imaginait les mots : « ... KAROLUS PRINCEPS ». Or les lettres du mot PRINCEPS étaient presque totalement effacées : seul le P était encore lisible. Je compris que je n'étais plus aux yeux de Dieu que Karolus.

EMPEREUR CHRÉTIEN

De Charles le Grand – KAROLUS MAGNUS –, de KAROLUS PRINCEPS, il ne restait qu'une lettre. Un souffle de vie. Pour combien de jours ou de mois ?

Je fis mine de n'avoir rien vu, rien ressenti, mais je savais. Et je fixais à Éginhard notre premier rendez-vous nocturne.

2.

J'ai arpenté chaque nuit les grandes salles silencieuses de mon palais d'Aix. Un chandelier, ici et là, écartait la pénombre, poussiéreuse comme un vieux rideau.

Je devançais d'un pas Éginhard qui trottinait à ma suite et souvent je m'arrêtais, me retournais. Je le toisais. Toute ma vie, j'avais dominé les hommes. J'avais sept pieds de haut, une large et robuste carrure.

Éginhard n'était qu'un Nardillon, ainsi qu'on l'avait surnommé à la cour, moquant sa petite taille. On disait qu'il n'était pas plus grand qu'un pied de table ! Mais l'abbé Baugolf, qui dirigeait le monastère de Fulda, avait vanté ses qualités et m'avait convaincu qu'il avait sa place à la cour, parmi les lettrés que j'avais rassemblés autour de moi.

Je l'y vis pour la première fois le 2 avril 792, alors qu'on célébrait mon cinquantième anniversaire. Il avait composé à cette occasion des vers latins de bonne facture et je l'avais applaudi.

Cinquante ans !

J'étais dans une forteresse qu'aucune fièvre, aucune maladie ne pouvait conquérir.

Elles m'assiégeaient parfois mais sans plus de succès que si elles avaient été des armées saxonnes ou sarrasines.

Dès mon enfance, ma mère Bertrade, les nobles et les poètes qui entouraient mon père, Pépin le Bref, m'avaient fait le récit glorieux des batailles que le peuple franc avait remportées sur les barbares du Nord et du Sud.

La nuit, je revivais ces combats, et peut-être ces rêves de gloire m'ont-ils fait perdre le sommeil.

Le jour, armé comme un homme de guerre, je commandais une armée d'enfants de mon âge. Je ne pensais qu'à continuer les guerres victorieuses que mes ascendants avaient menées.

Mon grand-père était Charles Martel, qui en 732, dix ans avant ma naissance, avait arrêté les Arabes à Poitiers. Il était notre roi de légende, fils de Pépin II de Herstal et d'une concubine que chacun nommait « la Noble et Belle Alpaïde ».

L'on disait de Charles Martel qu'il était « le roi des Européens ».

Son fils, Pépin troisième du nom, dit le Bref, avait, lui, battu les Saxons.

Comment aurais-je pu avoir des nuits paisibles, alors que le passé glorieux de Charles

Martel et de Pépin le Bref bouillonnait dans ma tête ?

Je voulais prolonger les conquêtes de mon grand-père et de mon père, et chasser et soumettre définitivement les Sarrasins et les Saxons. Je voulais consacrer chaque instant de ma vie à cette tâche.

Il me fallut trente ans pour l'accomplir.

Je fus ainsi fidèle à mon ascendance et je servis Notre-Seigneur en sauvant la religion chrétienne contre ceux qui priaient Mahomet et ceux qui adoraient les dieux païens.

Mais plus de vingt ans sont passés.

J'ai soixante-douze ans !

La fièvre s'est infiltrée dans mon corps.

J'avais autrefois la démarche assurée et virile. Ceux qui s'approchaient de moi s'inclinaient avant même que je les regarde. Mon corps rayonnait de puissance. Il était celui d'un empereur et roi.

Aujourd'hui, je boite. Je tente de dissimuler cette claudication. Mais Éginhard m'a timidement, respectueusement rapporté que Suétone raconte dans le livre qu'il consacre à la vie des douze Césars qu'Auguste, atteint de rhumatismes à une jambe, finit par boiter.

Je suis resté impassible. Si Éginhard l'avait remarqué, toute la cour devait m'observer pour s'assurer que le mal progressait, que la mort approchait.

J'ai dit, en ne quittant pas Éginhard des yeux :

— Mes cheveux sont blancs, j'ai le cou trop gras et trop court et le ventre trop saillant. Ma voix, qui n'a jamais été forte, est voilée.

Éginhard a balbutié et, reprenant ma marche, si lente, si douloureuse, j'ai honni les médecins que l'on m'envoyait. Je les avais tenus à distance toute ma vie, refusant leurs médications, mais forts de leur savoir, ils croyaient pouvoir m'interdire les mets rôtis – les seuls que j'aime – et m'imposer des nourritures bouillies, fades, grises comme un terne brouillard recouvrant la vallée du Rhin.

Je les chassais.

Dieu avait lancé son filet pour me tirer jusqu'à lui dans son éternité. Rien ne pouvait s'opposer à sa volonté.

J'attends ce moment. Je ne me rebelle pas. Dieu m'a donné tout ce qu'un homme peut désirer. Et j'ai en toutes occasions veillé à servir Notre-Seigneur. J'ai converti les peuples, j'ai brisé les idoles, j'ai protégé la Sainte Église.

Ma jambe peut se raidir, mes os paraître se briser. J'accepte la souffrance.

« Seigneur, je mets mon âme entre tes mains. »

3.

Cette supplique à Notre-Seigneur, ma mère, la noble Bertrade, l'a murmurée à mon oreille ce 2 avril 742, jour béni de ma naissance.

Les mots qui la composent sont les premiers que j'ai répétés avant de les comprendre.

Ils sont associés aux chants et aux prières, au tintement des clochettes, au battement sourd des cloches, à la saveur de l'hostie, aux voix des clercs, ces prêtres que ma noble mère avait choisis afin qu'ils m'enseignent la voix de Jésus-Christ.

Ces mots de ma mère et ceux qui résonnaient dans le chœur de l'Église ont guidé ma vie.

Ma noble mère m'a si souvent raconté mes premiers jours d'existence que j'ai l'impression de m'en souvenir.

Et je sais que Notre-Seigneur l'a voulu ainsi, afin que pour toujours demeure, dans mon corps, dans mon âme, la voix de miel – la première voix que j'ai entendue – de ma noble mère.

Puis un téton caresse mes lèvres et je le suce goulûment. Était-ce ma mère qui m'abreuvait de son lait ou bien l'une des nourrices qui au fil des mois m'ont nourri ?

Je me battais déjà avec d'autres enfants – avais-je deux ou trois ans ? –, mais j'interrompais nos luttes pour courir jusqu'à ces femmes dont les larges mains soulevaient les seins dodus, et je me nourrissais, avant de retourner à la bataille, les lèvres couvertes de ce lait onctueux.

Ma mère n'a jamais évoqué ces années, les nourrices, alors même qu'elle citait les noms de ces « maîtres catholiques » qui m'avaient fait découvrir la grandeur éternelle de Notre-Seigneur. Je ne l'ai jamais interrogée.

Je devais respect, réserve et obéissance à la noble reine Bertrade qui, en l'absence de mon père, régentait la vie de nos demeures situées sur les bords de l'Oise, ou d'autres grands fleuves de l'est du royaume franc.

Elle commandait les serviteurs et les comtes avec la même voix forte qui ne s'adoucissait qu'au moment où elle s'adressait à moi.

Elle posait sa main sur ma tête, caressait mes longs cheveux. J'avais la tentation de me serrer contre elle, mais elle retirait aussitôt sa main.

Elle était la noble reine Bertrade, et j'étais le fils aîné.

C'est elle qui m'a conduit au baptême parce que mon père, maire du palais, Princeps, bientôt

Dux Francorum puis Rex Francorum, guerroyait à l'autre extrémité du royaume, contre les razzias sarrasines, les guets-apens des Basques, le peuple rebelle d'Aquitaine.

J'étais né loin des Pyrénées et des côtes méditerranéennes, loin au nord à Ingelheim, l'une de nos résidences, tout près de Mayence. Mais ma noble mère n'en paraissait pas sûre, écartant d'un geste les visiteurs qui s'enquéraient de mon lieu de naissance. Elle répétait : « Charles est dans les mains de Notre-Seigneur. »

Mes « maîtres » me racontèrent les exploits de Charles Martel, mon grand-père, et je fus fier de mon patronyme.

Je voulus dès l'enfance, alors que je tétais encore, être aussi glorieux que Charles Martel qui avait sauvé la sainte religion de Notre-Seigneur en arrêtant à Poitiers, puis en repoussant le roi arabe.

Je murmurais, lèvres closes : « Charles, Karolus », et mon cœur battait plus vite.

C'était comme si j'avais pressenti qu'un jour je serais pour tous les peuples Charlemagne.

4.

C'est ma noble mère, la reine Bertrade, qui me nomma Karolus Magnus, Charles le Grand.

Elle m'en fit l'aveu, des années plus tard, alors que la fièvre la dévorait. Son visage empourpré était si gonflé qu'il lui fermait les yeux.

Je me tenais debout, au pied de son lit.

J'avais le cœur rompu car je pressentais que ce 12 juillet 783 serait celui de sa mort. Et ses derniers mots furent pour prononcer mon nom.

J'avais quarante et un ans, j'étais plein de respect et d'amour pour ma noble mère et entre nous il n'y eut aucun dissentiment, même si j'avais regretté de lui avoir obéi quand elle m'incita à prendre pour épouse Désirée, la fille de Didier, roi des Lombards.

Le moment venu, j'expliquerai notre brève controverse. Ce ne fut qu'une ride sur l'eau lisse et profonde d'un lac enchanteur. Et quand je pense à la reine Bertrade, ma noble mère, c'est l'admiration et la tendresse respectueuse qui m'habitent.

Je prie pour elle, sûr que Notre-Seigneur l'a accueillie auprès de lui dans le royaume éternel des belles et grandes âmes.

Durant toute mon enfance, son regard exigeant m'a accompagné, veillant à ce que mes deux frères, Carloman et Pépin, mes cadets, ne se liguent pas pour me terrasser.
Mais leur désir de me vaincre me donnait un surcroît de force, et ils pliaient le genou, me demandant grâce.
Puis Pépin, notre plus jeune frère, est mort, et nous sommes restés face à face, Carloman et moi. Nous avons cessé de nous battre, comme si la mort de Pépin nous avait rapprochés.
Mais nous étions différents.

J'aimais la chasse et dès l'âge de dix ans, entouré de rabatteurs, de veneurs, devancé par les meutes de chiens qu'on retenait, j'ai chevauché chaque jour dans les obscures forêts des Ardennes, traquant les cerfs, les ours et même les loups.
Souvent je chassais avec mon père, fier d'être à ses côtés alors que Carloman se tenait à l'écart.
Quand mon père me flattait d'un geste ou d'une phrase pour saluer l'un de mes exploits, et qu'il lançait : « Karolus est un Franc de grande race », mon cœur bondissait d'orgueil et de joie.
Je rêvais de lui succéder à la tête du grand peuple franc. J'imitais ses gestes, je voulais qu'il ne soit pas seulement le maire du palais, mais le Princeps, le Dux, le Rex Francorum. Et je voyais qu'il régnait en souverain.

J'ignorais mon frère Carloman alors que selon les lois de notre peuple, à la mort de notre père, nous aurions à nous partager ses possessions, ses titres, ses pouvoirs.

Carloman était mon rival, mais ma noble mère, la reine Bertrade, mon alliée.

N'étais-je pas l'aîné, déjà de haute stature, abandonnant les jeux pour découvrir les plaisirs de toucher, de pénétrer le corps de ces jeunes filles qui se laissaient lutiner, honorer, et qui m'avaient appris ce que c'est que d'être un mâle ?

Ma noble mère veillait à les récompenser. Pour ma mère, j'étais devenu un homme.

Le jour du dixième anniversaire de ma naissance, elle me fit revêtir le costume des Francs, marquant ainsi que j'étais un homme, un guerrier, un conquérant viril.

Je me souviens avec émotion de cette scène, quand, avec l'aide de trois servantes, elle me fit mettre nu et m'aida à enfiler mes nouveaux vêtements.

Sur le corps une chemise et un caleçon de toile de lin ; par-dessus une tunique bordée de soie et une culotte ; des bandelettes autour des jambes et des pieds ; un gilet en peau de loutre ou de rat pour protéger mes épaules et ma poitrine des froids de l'hiver ou de l'humidité glacée de la nuit et de l'aube.

Elle m'avait enfin enveloppé d'un court manteau de laine, cette « saie » bleue qu'avaient portée les Romains et les Gaulois.

Puis mon père, vers lequel ma noble mère m'avait conduit, m'avait offert un glaive dont la poignée et le baudrier étaient d'argent et d'or.

J'ai gardé toute ma vie, jusqu'à ce jour, le costume de mon peuple. Je n'ai porté, suspendue au côté, une épée ornée de pierreries que lorsque j'eus à recevoir des ambassadeurs étrangers. Mais j'ai toujours refusé d'endosser les costumes des autres nations, même les plus beaux et quelles que fussent les circonstances.

Mon frère Carloman, au contraire, portait et aimait ces parures étrangères. Je détournais la tête.

Je n'abandonnais le costume simple, qui était aussi celui que revêtaient les hommes du peuple et du commun, que pour les grandes fêtes que, roi et empereur, je me devais d'honorer.

J'avais alors un vêtement tissé d'or, des chaussures décorées de pierreries, une fibule d'or pour agrafer ma saie, un diadème du même métal orné lui aussi de pierreries.

Mais c'est le costume simple que je préférais.

J'étais donc sobre de vêtement, mais aussi de nourriture et de boisson. Je m'interdisais d'abuser du vin et je proscrivais l'ivresse.

Je n'ai banqueté qu'aux grandes fêtes, quand ma cour était rassemblée. Mais je préférais la viande rôtie quotidienne, que les veneurs avaient l'habitude de mettre à la broche. C'était, parmi les autres plats qui composaient le dîner que je prenais vers le milieu de l'après-midi, celui que je préférais. Et un clerc, pendant que je dînais, lisait les ouvrages de saint Augustin, et souvent celui intitulé *La Cité de Dieu*.

Mais je saute les années, mille voies s'ouvrent dans ma mémoire.

Je parle d'aujourd'hui, quand la mort attend sur le pas de ma porte, alors que je veux raconter les débuts de ma vie, mettre de l'ordre dans mes souvenirs. Et ne rien masquer.

Ainsi, il me faut dire que ni ma noble mère ni mon père glorieux ne s'attachèrent à me donner l'instruction d'un lettré.

Je n'ai appris à écrire que tard.

J'étais bavard et éloquent, mais mes doigts étaient gourds.

Je me suis appliqué à l'étude des langues étrangères. J'ai parlé le latin aussi bien que ma langue maternelle. Mais j'ai eu de la peine à m'exprimer en grec, même si je comprenais cette langue vivante.

Et j'ai admiré ceux qui, plus tard, tentèrent de me l'apprendre et m'enseignèrent la rhétorique et la grammaire. Je les ai comblés d'honneurs et réunis dans mon palais d'Aix. J'ai été leur élève attentif, j'ai sollicité leurs conseils. Mais j'étais roi des Francs, roi des Lombards et empereur chrétien. Dieu a voulu que je sois celui qui décide.

Et je n'ai été humble que lorsque je priais Notre-Seigneur Jésus-Christ, lui demandant d'éclairer mon chemin.

5.

Ce chemin – ma vie –, Notre-Seigneur et mon père, Pépin III le Bref, l'ont ouvert devant moi dans les derniers jours du mois de décembre 753.

J'étais dans ma onzième année.
Je chassais en forêt malgré les bourrasques de neige qui ployaient les branches des hêtres et des grands sapins. Je menais la traque d'un ours avec quelques veneurs.
Un officier de la garde personnelle de mon père nous a rejoints, m'ordonnant de rentrer au palais de Ponthion où nous résidions.
Mon père voulait me confier une mission. Je devais quitter Ponthion avant la nuit. Une escorte et quelques comtes parmi les plus importants de la cour m'accompagneraient.

J'ai pris le galop, criant de joie et d'impatience. Enfin, enfin, un chemin devant moi, un destin qu'il fallait saisir.
L'air glacial de la course me suffoquait puis, courant jusqu'à la grande salle du palais de

Ponthion où se tenait mon père, j'étouffais. De hautes flammes dévoraient deux troncs qui crépitaient dans la cheminée.

Je me courbai devant mon père tant j'étais oppressé, manquant de souffle.

Les mots qu'il prononçait s'entrechoquaient dans ma tête, sans que je puisse recomposer les phrases brèves que mon père ne répétait pas. Puis il concluait :

— Va au-devant de Sa Sainteté, montre-lui qui tu es, le descendant de Charles Martel, du peuple franc. N'oublie pas : le pape a besoin de nous et nous de lui. Va.

Il me donna l'accolade et alla s'asseoir devant l'âtre.

Je sortis en courant.

Les chevaux de mon escorte piaffaient dans la cour. Les comtes s'étaient abrités sous les auvents et les rafales faisaient tourbillonner la neige qui formait au pied des palissades des amoncellements que le vent tout à coup déplaçait, effondrait.

Notre guide s'est tourné vers moi, et ma gorge s'est serrée.

J'étais le chef, le fils aîné de Pépin III le Bref. J'allais représenter le royaume des Francs et mon père en allant à la rencontre du pape Étienne II, qui venait de traverser les Alpes malgré la tempête, et je devais l'accueillir, le conduire jusqu'au palais de Ponthion où mon père glorieux, ma noble mère, mon frère Carloman l'attendaient.

J'ai levé le bras, puis je l'ai baissé. Et nous nous sommes mis en route.

Je me souviens que toutes les fibres de mon corps étaient tendues. Je me suis retourné, j'ai vu ces cavaliers qui avançaient tête baissée sous les rafales. J'étais leur chef. Ma vie commençait.

Cette mission que Notre-Seigneur et mon père m'avaient confiée était comme un baptême.

Je me suis incliné devant le pape Étienne II mais j'ai chevauché près de lui, le devançant souvent, prenant le galop pour annoncer à mon père l'arrivée du souverain pontife.

Ils se rencontrèrent le 6 janvier 754, et je vis mon père descendre de cheval, se prosterner devant le pape et marcher à côté de son équipage comme un modeste écuyer.

Je mettais mes pas dans ceux de mon père, en tête de ce cortège qui entrait dans notre villa royale au chant des hymnes et des cantiques. On célébra la messe de l'Épiphanie et je fus bouleversé quand je vis le pape se jeter aux genoux de mon père et l'adjurer d'une voix forte de « défendre la cause de saint Pierre et de la République romaine ».

Et mon père s'engagea par serment à délivrer le pontife et la République romaine de la menace des Lombards.

Ces jours, ces mois furent ceux de mon instruction aux affaires de guerre, de pouvoir, de commandement.

J'entendis le pape dire « qu'il valait mieux appeler roi celui qui avait le pouvoir que celui qui en restait dépourvu ». Et c'est ainsi que le dernier « roi » mérovingien, Childéric III, fut remplacé par Pépin III le Bref, mon glorieux père qui, maire du palais, avait déjà les pouvoirs d'un roi.

Et le 28 juillet 754, à Saint-Denis, je m'agenouillais devant le pape Étienne II, qui nous sacra, nous les fils de Pépin III – mon frère Carloman et moi –, notre père glorieux et notre noble mère.

Je ne doutais pas que le chemin, parce que Notre-Seigneur le voulait, me conduirait à être l'unique roi des Francs.

J'écoutais Étienne II dire, dans l'abbaye de Saint-Denis, qu'il était interdit aux Francs, sous peine d'excommunication, de choisir désormais un roi en dehors de notre famille, « qui a été élevée par la divine piété et consacrée sur l'intercession des saints apôtres par les mains de leur vicaire, le souverain pontife ».

J'observais mon frère Carloman. Sacré, il était lui aussi l'élu de Dieu même.

Mais y aurait-il place pour deux rois à la tête du peuple franc, le jour où notre père Pépin le Bref serait appelé à siéger auprès de Dieu ?

Je devais suivre « mon » chemin, et laisser la main de Dieu me guider.

Le pape avait dit à chacun de nous : « *Tu es sacerdos in aeternum* » et il avait accordé, à mon père, à Carloman et à moi, la dignité de patrices des Romains.

Par cette dignité, nous étions dans la lignée des Romains, et rattachés à cette ville qui avait créé les empereurs.

Ce jour-là, le 28 juillet 754, ces mots ont commencé de germer dans mon âme. Était-ce ce que Notre-Seigneur voulait ?

Et le souverain pontife, ce même jour, nous rappela que désormais nous étions, nous, les rois des Francs, « libérateurs et défenseurs de la Sainte Église romaine ».

6.

Mon glorieux père, Pépin III le Bref, est mort le 24 septembre 768, entouré des évêques, des abbés, des moines venus de toutes les parties du royaume franc...

Et d'autres dignitaires de la Sainte Église avaient quitté Rome pour assister à l'inhumation en « grand honneur » de celui que le pape avait élevé à la dignité de patrice romain.

Voilà des semaines que la mort avait lentement pénétré le corps de mon père.

Il avait chevauché depuis l'Aquitaine si las, si difforme, le corps couvert d'une sueur si puante que je n'osais le regarder.

À Saintes, ma noble mère Bertrade nous attendait avec mon frère Carloman et notre sœur Gisèle. Nous avions prié saint Martin, à Tours, et nous avions lentement, comme si nous gravissions un calvaire, gagné l'abbaye de Saint-Denis.

Là, Dieu avait appelé à lui Pépin III le Bref, mon père glorieux, et j'avais veillé à ce que son corps reposât au cœur de l'abbaye.

Puis, alors que je me recueillais, l'abbé Fulrad m'annonça que le dimanche 9 octobre, nous serions Carloman et moi sacrés rois – moi à Noyon, Carloman à Soissons – par les « grands et la consécration des prêtres ».

La surprise me paralysa. N'avais-je pas déjà été sacré à Saint-Denis le 28 juillet 754 ?

L'abbé Fulrad, le visage sévère, la moue sévère, me répondit que la première cérémonie n'était qu'une désignation, qu'il fallait l'adhésion publique des grands à notre élévation.

J'ai baissé la tête en signe d'acceptation et de reconnaissance, mais mon sang brûlait sous ma peau.

Je venais de recevoir une nouvelle leçon de gouvernement.

Et le dimanche 9 octobre 768, durant toute la cérémonie d'élévation à la royauté, j'ai mesuré tout ce que j'avais appris depuis l'an 754.

Quatorze années s'étaient écoulées.

J'avais vingt-six ans à la mort de mon père et j'avais durant ces années chevauché à ses côtés.

Je l'avais accompagné durant la guerre qu'il avait conduite en Aquitaine. Je l'avais vu organisant méthodiquement la conquête de cette riche terre désormais rattachée au royaume franc.

Mais je me souvenais aussi des mises en garde qu'il m'avait prodiguées, jugeant que le duc des Gascons, Loup, serait un jour désireux de rallumer la guerre. « Il ne faut jamais se contenter de vaincre un ennemi, on doit le soumettre.

Veille sur l'Aquitaine, et enchaîne le duc Loup au royaume franc. On peut apprendre à un loup à obéir comme un chien. »

Je n'avais pas oublié ces leçons, ni celles que m'avaient apportées les campagnes de mon père glorieux contre les Lombards.

J'avais d'abord découvert les résistances des grands à cet engagement de mon père en faveur de l'Église et de son pape. Les grands rechignaient et ma mère, ma noble mère, partageait leur avis.

Les Lombards, disait-elle, sont de fiers et fidèles alliés des Francs. Il faut unir nos deux peuples. Le roi des Lombards, Didier, nous offre sa fille en mariage.

Ma mère ne m'a pas nommé, mais Carloman avait déjà pris femme et était père de deux enfants. J'étais donc promis à Désirée, la fille du roi Didier. J'avais déjà appris qu'il faut savoir rester impassible et je me suis tu, mais je choisis aussitôt d'épouser Himiltrude, une pauvre Franque, sans en avertir qui que ce soit.

Je n'étais plus un enfant de dix ans, mais un homme de plus de vingt ans qui portait l'armure et le glaive.

Ma noble mère ne me sermonna pas, mais me dit seulement qu'elle ne rencontrerait jamais « cette » Himiltrude. « Elle n'est pas femme à être épouse de roi. »

L'avenir le dirait.

J'oubliai cet affrontement en recevant les nouvelles de notre armée. Mon père glorieux avait vaincu les Lombards, mis le feu aux quartiers construits hors des fortifications de leur capitale Pavie. Et par une donation, mon père offrait au pape les villes lombardes qu'il avait conquises, dont je ne me lassais pas de relire la longue liste : Ravenne, Rimini, Pesaro, Faro, Forlì, Urbino...

Mais les Lombards ne s'avouaient pas vaincus ! Des courriers arrivaient de Rome. La ville de saint Pierre était assiégée depuis le 1er janvier 756.

Le souverain pontife nous suppliait de venir défendre la demeure où « saint Pierre reposait selon la chair ». Et c'était l'apôtre lui-même qui s'adressait à nous.

« Vous qui êtes les fils adoptifs, avait-il écrit, venez arracher des mains de mes ennemis la cité de Rome et le peuple qui m'a été confié par Dieu... Venez libérer l'Église de Dieu exposée aux pires tourments, aux pires oppressions, du fait de cet abominable peuple lombard. Vous que j'aime tant... soyez assurés qu'entre tous les peuples, celui des Francs m'est particulièrement cher... Je vous en prie, je vous en supplie, accourez à notre aide... Je vous en adjure, mes chers fils adoptifs... »

Au mois de mai, mon père glorieux réunit les grands, qui hésitaient encore, avec le soutien de ma noble mère.

Mon père décida de répondre à l'appel du pontife et il fut victorieux.

Je fis partie de l'escorte qui accompagna l'abbé Fulrad. Nous nous fîmes remettre dans chacune des villes que nous visitions les clés et des otages.

Puis, j'entrais à Rome aux côtés de l'abbé de Saint-Denis qui déposa les clés et l'acte de donation des villes à la Sainte Église sur le tombeau de Pierre.

Mon père glorieux avait ainsi donné à la Sainte Église un royaume de bonne terre, de vignoble et de cités riches.

J'eus donc la guerre pour m'enseigner l'art de gouverner. Et découvris qu'elle ne s'achevait jamais.

J'étais aux côtés de mon père glorieux quand, en Berry et en Auvergne, nous utilisâmes des machines de guerre pour briser les palissades et les murailles qui protégeaient Clermont et Bourges, et en 767, nous fîmes la conquête de Toulouse, Albi et Rodez.

Puis nous prîmes la route vers Saintes et la fièvre commença de s'insinuer dans le corps de mon père glorieux et la mort montra son groin.

7.

Pépin III le Bref, notre père glorieux, était mort, et nous ses fils, nous étions frères, puis nous étions rois.

Notre père avait, quelques jours avant sa mort, partagé son royaume entre Carloman et moi.
Et quand je m'approchais de mon frère, et même seulement quand mon regard croisait le sien, je découvrais sa haine et sa jalousie. Il rêvait de me sauter à la gorge comme le font les molosses quand on leur ôte la laisse et le collier.
J'ai plusieurs fois tenté d'apaiser la rage qui emplissait sa bouche.
Il estimait – ses proches me l'ont confié – qu'il avait eu la mauvaise part.
Il régnait sur l'Alémanie, la Bourgogne, la Septimanie, la Provence. Soissons, Metz, Reims, Orléans, Limoges, Marseille, Augsbourg étaient siennes.
Moi, mon royaume s'étendait de Ratisbonne à Liège, de Noyon à Rouen, de Rennes à Bordeaux. Je possédais l'Austrasie et une partie

de la Neustrie et de l'Aquitaine. Mes possessions encerclaient celles de Carloman. Mon royaume était un collier qui le serrait.

Là était la source de sa jalousie.

Mais je ne me laissais pas emporter par sa fureur.

Je lui proposais au contraire de mener la guerre à mes côtés contre ces Aquitains qui voulaient profiter de la mort de notre père glorieux pour soulever leur peuple contre nous.

Je le rencontrai, j'insistai, je me fis humble solliciteur. Il refusa de participer à cette guerre, arguant que la part d'Aquitaine qu'il possédait était paisible.

Dieu m'est témoin que je souhaitais sincèrement son soutien et notre alliance. Être fidèle au souvenir de notre père glorieux, c'était ne pas laisser le royaume franc se diviser, se briser.

Je fus contraint de mener seul cette guerre, ma première guerre comme roi de l'armée.

Je rassemblais mes contingents et mes machines de guerre à Angoulême. Je m'avançais jusqu'à la Dordogne. Je fis bâtir, près de Libourne, à Fronsac, un château de bois et de pierre afin de contrôler l'Aquitaine.

Hunald, le chef des rebelles, se réfugia auprès du duc Loup qui, prudent, avait attendu le sort des armes pour prendre parti.

Loup me livra Hunald et me remit la province.

C'était ma première guerre et ma première victoire. Mais je ne pus comme je l'espérais jouir d'Himiltrude, qui venait d'accoucher d'un fils, Pépin le Bossu.

Ma mère, la noble reine Bertrade, me harcela. Elle n'avait pas renoncé à l'idée de me marier à Désirée, la fille du roi des Lombards, Didier. Carloman était, lui, favorable à cette alliance avec les Lombards.

Moi, fidèle à la Sainte Église, j'étais, comme je l'ai fait écrire : « Charles par la grâce de Dieu, roi et gouverneur du royaume des Francs, défenseur dévoué de la Sainte Église et son auxiliaire en toutes choses. »

Le nouveau pape Étienne III m'adjura de renoncer à cette « union diabolique ». Je devais choisir parmi les « belles et nobles filles de mon pays » au lieu de m'unir « à cette race de Lombards, la plus perfide, la plus dégoûtante de toutes, qui n'a jamais été comptée au nombre des nations et d'où la lèpre est sortie ».

Pourquoi ai-je cédé à ma noble mère ? J'étais roi, déjà, mais toujours un fils que l'énergie et la détermination de sa noble mère fascinaient.

Et, je le crois aujourd'hui, à la fin de ma vie, j'étais las d'Himiltrude. J'aimais mon fils bossu, mais j'avais hâte de quitter sa mère. Et épouser Désirée, la fille du roi lombard, dont on vantait la beauté, me tentait.

J'espérais aussi, en cédant à ma noble mère, dominer définitivement mon frère Carloman. Déjà, notre sœur Gisèle était devenue abbesse de l'abbaye de Chelles. Pourquoi un jour Carloman ne se retirerait-il pas dans un monastère ? Et ma noble mère, si j'étais son allié, pouvait contraindre Carloman à renoncer à son royaume.

Je me séparais donc d'Himiltrude, et j'épousai, à Mayence, lors des fêtes de Noël de l'an 770, la fille du roi des Lombards.

Le 4 décembre 771, Carloman mourut.
Je n'ai pas favorisé cette disparition.
Et lorsqu'on l'ensevelit à Saint-Rémi de Reims, je priai afin que Dieu l'accueillît auprès de lui, et je lui pardonnai toutes les intrigues qu'il avait nouées afin de m'écarter de mon royaume.

Après son inhumation, ses fidèles vinrent me trouver à Corbeny où je résidais et me prêtèrent serment.

Un moine – Kathuulphe – m'écrivit que Dieu m'avait témoigné une grande faveur en me faisant naître l'aîné dans une lignée royale ; et en enlevant de ce monde mon frère Carloman.

Il ne m'apprenait rien.

J'avais su dès l'enfance que Dieu veillait sur moi.

8.

J'avais vingt-neuf ans et j'étais roi des Francs.

Je portais mes vêtements habituels.

Je traversais les salles des demeures où nous faisions halte du même pas mesuré qui avait toujours été le mien.

Je m'inclinais respectueusement comme l'enfant que j'avais été devant ma noble mère Bertrade et j'écoutais avec la même attention qu'autrefois mes maîtres lettrés.

Et cependant j'étais différent, le regard des autres me transformait.

On ne me quittait pas des yeux. Le nouveau pape, Adrien Ier, m'adressait des suppliques m'invitant « à secourir l'Église de Dieu, la province romaine affligée et la ville et les territoires de Ravenne, comme a fait Pépin III le Bref, votre père de sainte mémoire ».

C'était à moi, moi seul, de décider si je convoquais mon armée et si nous allions arrêter les entreprises du roi Didier et de ses Lombards, qui visaient à soumettre Rome et toute l'Italie à leur pouvoir.

Le roi Didier avait accueilli Gerberge, l'épouse de Carloman, et ses enfants, pour lesquels il réclamait la part du royaume franc que notre père Pépin III le Bref avait attribuée à Carloman.

Je devais agir.

J'ai demandé à ma noble mère de me rejoindre seule dans la pièce où je recevais mes maîtres lettrés, là où j'écoutais leurs conseils.

J'ai simplement dit :

— Je décide.

Ma noble mère, la reine Bertrade, a baissé la tête.

— Et Désirée ? a-t-elle demandé.

Elle retournerait chez son père. Répudiée. Ma mère se redressa.

— Tu es le roi. Dieu seul te juge.

Je lui ai annoncé que j'allais épouser une Souabe de haute noblesse, Hildegarde, âgée de treize ans. Ma noble mère, les poings fermés, les bras croisés sur sa poitrine, recula en s'inclinant.

J'étais roi des Francs. Je découvrais mon pouvoir.

Je prêtai serment en moi-même de ne jamais admettre qu'on refusât de m'obéir.

Si la résistance ou la rébellion étaient trop fortes, je prendrais le temps de vaincre par l'usure ce que je ne pouvais abattre d'un seul jet.

Je convoquai alors l'armée franque à Genève et j'entrai en campagne contre les Lombards du roi Didier au mois de septembre 773.

Je laissais Hildegarde avec regret. J'aimais sa peau d'un blanc soyeux, j'aimais sa blondeur.

Elle était féconde : j'eus trois fils d'elle – Charles, Pépin et Louis – et autant de filles – Rotrude, Berthe et Gile. J'eus donc la joie de voir ma mère entourée de ses petits-enfants. Et j'avais besoin, rentrant de mes guerres, de retrouver ma descendance.

Je priais Dieu de veiller sur eux. De notre destin dépendait le sort de la Sainte Église.

Mais je ne doutais pas de l'inspiration de Dieu et de l'inspiration qu'il suscitait en moi.

Ma deuxième guerre commençait.

J'ai voulu que chaque homme libre, dès l'âge de douze ans et jusqu'à la vieillesse – et d'abord ceux qui vivaient dans les régions proches des combats à venir –, rejoigne l'armée.

Je les ai vus arriver à Genève, guidés par les comtes ou les abbés et les évêques.

J'avais dicté à l'abbé Fulrad de Saint-Denis mes ordres et tous savaient que pour échapper à l'armée, il fallait payer une forte somme, l'héri-ban, et obtenir l'autorisation de dispense au vu de bonnes raisons.

Mes conseillers lettrés avaient écrit :

« Tu te présenteras le 15 des calendes de juillet[1] avec tes hommes bien armés et équipés,

---

1. 16 juin.

prêts à entrer en campagne dans la direction que j'indiquerai, avec armes, bagages, et tout le fourniment de guerre, des vivres et des vêtements.

« Chaque cavalier aura un écu, une lance, une épée, une dague, un arc et un carquois garni de flèches.

« Dans les chariots, il y aura des outils de tous genres, cognées, doloires, tarières, haches, pioches, pelles de fer et tout l'outillage nécessaire en campagne.

« Dans les chariots, il y aura aussi des vivres pour trois mois à compter du jour du départ, des armes et des vêtements pour six mois. »

Quand, quittant Genève, j'ai vu se dresser devant moi les sommets des Alpes, qui paraissaient inaccessibles avec leurs pics dressés dans le ciel et leurs rochers abrupts, j'ai craint un instant que nous ne puissions franchir cet obstacle gigantesque, d'autant plus que le roi Didier avait fait fortifier les cluses, ces lieux de passage.

Mais je me suis retourné afin de voir mon armée, et mes inquiétudes se sont dissipées.

Comme moi, chaque guerrier semblait un homme de fer. Un casque de fer couvrait sa tête, des manches de fer couvraient ses bras, une cuirasse de fer protégeait sa poitrine et ses épaules. Moi, je tenais dans ma main gauche une lance et la droite ne quittait pas mon épée.

Les rayons du soleil étaient reflétés par le fer et m'éblouissaient.

Qui aurait pu me vaincre ?

Les troupes lombardes s'enfuirent, abandonnant les cluses, et le roi Didier s'enferma dans sa capitale Pavie.

Je laissais là la plus grande partie de mon armée, j'assiégeais Vérone où s'étaient réfugiés le fils de Didier – Adalgise – et la veuve et les enfants de Carloman.

Adalgise réussit à s'échapper, et Gerberge et ses enfants se rendirent à mon armée.

Je remerciai Dieu et retournai à Pavie que mon armée continuait d'assiéger.

9.

Je n'ai pas voulu forcer Pavie, comme on le fait d'un ours ou d'un grand cerf.

Je répondais par le silence aux comtes et aux ducs qui me pressaient de lancer l'armée à l'assaut des fortifications de la capitale des Lombards.

Chacun de ces chefs de guerre avait son plan et m'assurait que Pavie, si nous attaquions, ouvrirait ses portes avant même qu'une flèche soit tirée et une échelle appuyée aux redoutes.

Je laissais parler ces impatients.

Je voulais que la ville tombât entre mes mains sans que le sang fût versé, comme un animal qui se couche sur le flanc et attend les veneurs. Mais je voulais surtout que la présence de mon armée, qu'aucune bataille n'avait affaiblie, obligeât toutes les villes d'au-delà du Pô à se rendre.

Le pape Adrien Ier mesurait ainsi que j'allais être le maître de l'Italie. Et pour le lier à ma Couronne, je promis de lui faire donation de certaines des cités dont nous faisions la conquête et je lui annonçais que je me rendrais à Rome pour les fêtes de Pâques car je voulais prier au tombeau des apôtres.

Comment aurait-il pu m'empêcher d'entrer comme un pèlerin dans la ville de saint Pierre ?

Je me souviens de ce 2 avril 774, samedi saint.

J'avançais suivi par de nombreux évêques, des abbés, les ducs et les comtes.

Quand j'arrivai à Noles, une petite ville proche de Rome, je vis venir vers moi tous les chefs du peuple romain avec leurs bannières. Nous continuâmes notre route, et se présentèrent à nous les chefs des milices, les enfants portant des palmes et des rameaux d'olivier. Jusqu'aux portes de Rome se succédèrent ainsi, chantant des psaumes, m'acclamant, les croix-enseignes et les porteurs d'étendards.

Je descendis de cheval, toute ma suite m'imita et je marchai vers l'église Saint-Pierre, sous le porche de laquelle le pape m'attendait, entouré de son clergé et de la foule du peuple.

Les clercs chantaient : « Béni soit celui qui est venu au nom du Seigneur. »

Je commençai à monter les marches et j'embrassai chacune d'elles.

Arrivé sous le porche, je pris la main du pontife et nous entrâmes dans l'église.

J'assistai durant quatre jours aux messes qui célébraient la résurrection de Notre-Seigneur, à Sainte-Marie-Majeure, à Saint-Pierre, à Saint-Paul.

À chaque pas que je faisais dans la ville, je ressentais une émotion nouvelle.

Là, des moutons, des chevaux, des ânes broutaient à l'intérieur d'une église, dont on avait descellé et emporté les dalles de marbre.

Là, des colonnes brisées gisaient comme des soldats abandonnés, blessés au soir d'une bataille.

Je fis un serment en voyant ces ruines.

Elles attestaient la grandeur du passé de la ville et je voulais mettre toutes mes forces au service de Notre-Seigneur pour que sa Sainte Église resplendisse en cette ville de Rome. Par les dons de villes de mon glorieux père et les miens – cités et territoires –, Rome deviendrait la capitale d'un royaume, celui de saint Pierre.

Lorsque je quittai la ville, le peuple de Rome me fit cortège, chantant à nouveau :

« Béni soit celui qui est venu au nom du Seigneur. »

10.

J'ai retrouvé le camp de notre armée sous les murs de Pavie.

Le temps était venu de s'emparer de la capitale des Lombards. J'avais servi Notre-Seigneur et son apôtre, le souverain pontife, et j'étais sûr que Notre-Seigneur appuierait mon entreprise.

J'étais, et je le serais jusqu'à ma dernière prière, le serviteur dévoué de Dieu.

Mon épouse Hildegarde m'avait rejoint avec nos enfants. En leur présence, je recevais sous la grande tente royale les ducs et les comtes qui abandonnaient le roi Didier et faisaient allégeance à ma Couronne.

Tous répétaient que le moment était venu. Le peuple de Pavie avait faim. Déjà il confectionnait des bannières en l'honneur du roi des Francs.

Le 2 juin 774, le roi Didier sortit de la ville avec sa femme et sa fille et, convié à entrer dans ma tente, il s'agenouilla, me remettant son royaume et sollicitant ma grâce.

Je l'écoutai sans lui répondre, mais j'avais déjà décidé du sort que je lui réservais. Point de tête tranchée, mais la tonsure pour Didier et la relégation dans le monastère de Corbie. Je ne prononçai qu'un seul mot : « Adalgise ».

On m'avait rapporté que ce fils de Didier avait gagné Constantinople où l'empereur l'avait élevé à la dignité de patrice. Il avait commencé d'armer une flotte afin de tenter de débarquer en Italie et de s'emparer de Rome.

Didier bégaya qu'il avait condamné la fuite et le « complot » de son fils. D'un geste, je donnai l'ordre qu'on éloignât Didier de ma vue, et qu'on le conduisît au monastère de Corbie.

Alors, avec Hildegarde et mes enfants, et entouré de ma garde et suivi par les évêques, les abbés, les comtes et les ducs, j'entrai dans Pavie.

Et le peuple m'acclama.

Puis j'entrai avec Hildegarde et les dignitaires dans le palais royal où les serviteurs du roi Didier me firent révérence avec empressement.

Ils me guidèrent dans ce palais dont chaque salle recelait des trésors. Les Lombards étaient maîtres de l'Italie depuis deux cents ans : l'or, l'argent, les pierres précieuses, les armures ciselées, les glaives, fruits de leurs rapines, pillages et tributs, flamboyaient dans la pénombre.

Le 5 juin 774, en présence des dignitaires de la Sainte Église et de ma cour, je pris le titre de roi des Francs et des Lombards. Et je distribuai les trésors à mes soldats. L'Italie m'appartenait désormais. Il me fallait y apposer mon sceau.

Je descendis lentement vers le sud afin de mettre fin aux conspirations du duc de Bénévent – Arachis, gendre de Didier –, du duc de Spolète et d'autres petits potentats qui aspiraient à se partager l'héritage de Didier.
Mais il suffisait que j'apparaisse avec mon armée et ses hommes de fer pour que l'on me fît allégeance. Quant aux rebelles têtus, ils s'enfuyaient ou mouraient au combat.

Il en fut de même avec les cités italiennes du Nord, adossées à la Bavière, dont le duc Tassilon – lui aussi gendre de Didier – intriguait contre moi. Imaginait-il pouvoir me vaincre, moi, roi des Francs et des Lombards ?
Il avait prêté serment à mon père glorieux Pépin III le Bref, et le pape Adrien Ier et moi lui en avons rappelé les termes : il avait « juré soumission et obéissance à Pépin III le Bref ». Oserait-il se parjurer ?
En 787, le souverain pontife déclara aux ambassadeurs bavarois présents à Rome :
« Si le duc de Bavière refuse obstinément d'écouter les paroles de Charles, seigneur roi des Francs et des Lombards, le roi et son armée seront absous de tout risque de péché ; la responsabilité des incendies, meurtres et de tous les maux qui arriveront à la Bavière retombera sur Tassilon et ses complices, le seigneur roi Charles et les Francs restant indemnes de toute faute. »

Je commençai, en 788, de rassembler mon armée, puisque le duc Tassilon de Bavière, après s'être proclamé mon « vassal », rassemblait des troupes contre moi.

Je n'en étais pas surpris.

On n'en a jamais fini avec la guerre, la jalousie, la désertion, la trahison.

On s'empara donc de Tassilon et de son fils, et ils furent condamnés à mort. Mais je leur fis grâce : père et fils furent seulement tonsurés et enfermés dans un monastère.

Là, ils attendraient la mort et le jugement de Notre-Seigneur.

11.

Comme Didier le Lombard et toutes les créatures humaines, je comparaîtrai un jour, lorsqu'il l'aura décidé, devant Dieu.
Son regard perce toutes les âmes.

Peu de temps me sépare de ce moment et parce que Dieu m'a confié le sort des peuples sur lesquels je règne, son jugement sera à la mesure des pouvoirs et de la gloire qu'il a bien voulu m'accorder.
J'ai voulu le servir, convertir les peuples les plus hostiles à notre foi.
Et pour rassembler les peuples sous la bannière de notre Sainte Église, j'ai dû faire la guerre. C'est-à-dire tuer. Dieu le sait.

De ces guerres que j'ai menées, aucune ne fut plus longue, plus atroce, plus pénible pour le peuple franc que celle de Saxe. Car les Saxons, comme presque toutes les nations de Germanie, étaient d'un naturel féroce ; ils pratiquaient le culte des démons, se montraient ennemis de notre religion et ne voyaient rien de déshonorant à violer ou transgresser les lois divines ou humaines.

Le tracé des frontières entre notre pays et le leur mettait en outre chaque jour la paix à la merci d'un incident.

Le territoire saxon était vaste. Il commençait à quelques lieues de la rive droite du Rhin et se développait à travers la plaine du Nord jusqu'à l'Elbe.

Les frontières entre mon royaume franc et la Saxe, se prolongeant presque partout en plaine et en quelques points où de grands bois et des montagnes forment une séparation nette, étaient le théâtre de scènes constantes de meurtres, de rapines, d'incendies se répondant de part et d'autre.

Je voulais que cela cesse.

Et à l'assemblée des dignitaires francs, à Worms, en juillet 772, je décidais de commencer une guerre ouverte contre ces Saxons perfides, prompts à renier leurs engagements.

J'ai, à la tête de l'armée, traversé le Rhin, parcouru la plaine de Hesse, enlevé la forteresse de Heresburg, non loin de la Weser, mais je n'ai pas franchi ce fleuve.

Car dans un bois sacré, nous avions découvert un immense tronc d'arbre placé au centre d'une clairière et exposé à ciel ouvert.

C'était l'Irminsul, l'une des idoles que les Saxons vénéraient et célébraient. Et des abris entouraient cet espace.

Aux cris de joie de mes soldats, je compris qu'ils contenaient les trésors accumulés par les Saxons, l'or, l'argent, les pierres précieuses.

Je donnai l'ordre de raser ces abris, d'emporter et de détruire l'idole. Puis, parce que c'était déjà l'automne, la fin de la saison de la guerre, nous quittâmes la Saxe pour la résidence royale d'Herstal.

Mais la guerre est mère de la guerre, et au début de l'an 774, alors que j'étais en Italie pour réduire la rébellion de quelques comtes lombards, les courriers m'apportèrent de tristes nouvelles du pays de Hesse. Les Saxons l'avaient ravagé, brûlant, pillant, torturant, violant, massacrant.

Le monastère de Fritzlar, fondé par saint Boniface non loin de celui de Fulda, avait été souillé, ses trésors volés, son église transformée en écurie.

Ces profanations des reliques, des croix me révulsèrent et j'en demandai pardon à Notre-Seigneur.

Je n'avais pas pris la mesure de cette race saxonne, perfide et infidèle aux traités, car j'en avais signé avec elle.

Je réunis mes maîtres en savoir, mes évêques. Je priais longuement, et je conclus que la seule manière d'obtenir la soumission de cette race était de la convertir à la foi en Jésus-Christ.

Car les colonnes que j'avais envoyées en Saxe, si elles avaient vaincu les Saxons, incendié leurs villages, pillé tout ce qui pouvait l'être, n'avaient pas réussi à soumettre ce peuple.

Je fis connaître mes intentions :

« Ayant pris le conseil de Dieu – fis-je écrire aux comtes, aux ducs, aux abbés et aux évêques – et invoqué le nom du Seigneur, moi, Charles, roi des Francs et des Lombards, j'adjoins à mes troupes tous les prêtres, abbés, docteurs et ministres de la foi capables de faire accepter par ce peuple le joug léger du Christ. »

Me souvenant de ces années-là, je revois toute mon armée franchissant une nouvelle fois le Rhin, et par le fer, le saccage et l'incendie, obtenant la soumission de millions de Saxons.

Mais je revois aussi les corps de mes soldats, éventrés, décapités, surpris alors qu'ils sommeillaient.

Je les vengeai. Et des tribus saxonnes – les Westphaliens, les Angrariens – promirent « de se faire chrétiennes et de se soumettre à mon pouvoir ».

C'était durant les années 776, 777.

J'espérai que la guerre se terminât.

Je fis bâtir, à Paderborn, sur les berges de la rivière Lippe, une église, et j'y convoquai les dignitaires francs et ceux qui représentaient – disaient-ils – « le sénat et le peuple saxons ».

Ils jurèrent qu'ils « s'abandonnaient à la puissance du roi des Francs et des Lombards ». Ils étaient prêts, disaient-ils, « à perdre leur liberté et leur patrie s'ils conservaient en tout la religion chrétienne et la fidélité au roi Charles, à ses fils et aux Francs ».

Ils me nommèrent Charles le Grand, Karolus Magnus.

Le pape Adrien me bénit pour ces victoires chrétiennes.

Et les clercs, les maîtres en savoir, les poètes francs, célébrèrent « le jour qui amena dans la maison du Christ de nouveaux enfants ».

Écoutant ces serments et ces louanges, j'étais divisé entre la joie et l'espoir d'un chrétien et l'inquiétude d'un roi, qui sait que les guerres sont longues à finir.

12.

Pourtant, en ces années-là, après les fêtes de Pâques de l'an 777, je n'imaginais pas que la guerre contre les Saxons durerait encore plus d'une vingtaine d'années.

De l'an 774 à l'an 782, au lendemain donc de la grande assemblée de Paderborn, ce ne fut qu'une succession de guerres, de soulèvements, suivis par les serments des Saxons survivants. Et malgré mes doutes, j'ai cru plusieurs fois que ces tribus saxonnes allaient sincèrement célébrer notre foi, et honorer Notre-Seigneur.
Je les avais vaincus.

Ils s'étaient avancés jusqu'au Rhin, brûlant les villages. Ils avaient incendié le monastère de Fulda où reposait depuis vingt-quatre ans le corps de saint Boniface.
Ils méritaient d'être pourchassés comme s'il s'agissait de loups.
Les compagnies de mon armée les exterminèrent sur les rives de l'Eder.

Puis je décidai d'aller jusqu'à l'Elbe, et à la vue de l'armée franque, une partie des Saxons de ces pays de l'Est et du Nord – l'Ostphalie, la Nordalbingie – firent soumission et demandèrent le baptême.

J'ai cru, j'en fais l'aveu, que c'en était fini de la guerre.

Je confiai au prédicateur Willehad – que le pape éleva plus tard à la dignité d'évêque de Brême et de Verden – de déclarer qu'« en vertu de l'autorité royale, il bâtirait des églises et annoncerait librement, à tous les peuples qui habitent le pays de Wihmode, entre la Weser et l'Elbe, la doctrine qui les conduirait sur la voie du salut éternel ».

J'ai cru, une nouvelle fois, à la sincérité des Saxons !

L'an 781 fut calme et j'étais fier d'avoir offert à Notre-Seigneur cette victoire chrétienne.

Et tout à coup, ce fut le déchaînement des rébellions. Les massacres perpétrés par les Saxons se multiplièrent.

Au mont Süntel, en l'an 782, des milliers de nos soldats furent massacrés.

C'était ma première défaite depuis que je menais la guerre.

Je rentrai à nouveau en Saxe. Sur les bords de la Weser, je rassemblai les Saxons qui n'avaient pas trahi leur serment, leur foi en Jésus-Christ.

EMPEREUR CHRÉTIEN

C'est alors que je mesurais l'influence du chef des Saxons, Widukind.

Au fur et à mesure que les Saxons chrétiens me parlaient de lui, en faisaient l'organisateur de toutes les rébellions, je mesurai combien grande avait été mon erreur. Widukind était d'une famille de Westphalie, riche et noble. Il parcourait la Saxe en tous sens appelant à la révolte.

J'avais péché par orgueil, par vanité, imaginant qu'un Saxon ne pouvait vaincre un roi franc.

Humilié et vaincu, je l'étais !

J'exigeai des Saxons qu'ils me livrent les rebelles qui avaient suivi Widukind. Leur chef avait déjà quitté la Saxe et s'était réfugié auprès du roi du Danemark. Mais ils désignèrent quatre mille cinq cents Saxons complices de Widukind.

Ceux-là avaient trahi leur serment, notre foi après avoir reçu le baptême.

Ceux-là croyaient aux idoles.

Ceux-là avaient profané nos églises.

Je les fis ranger sur les bords de l'Aller, un affluent de la Weser.

Le lieu se nomme Verden.

Les quatre mille cinq cents Saxons ne fermèrent pas les yeux quand s'approchèrent, le glaive levé, les soldats de mon armée.

Et quatre mille cinq cents têtes roulèrent dans les eaux de l'Aller.

J'ai encore dans les yeux les corps tranchés que les remous du fleuve engloutissent.

Je suis Karolus Magnus, roi des Francs et des Lombards. Et depuis l'an 800, je suis l'empereur chrétien.

Dieu l'a voulu.

Je devais pour le servir, et pour le bien de notre Sainte Église, punir ceux qui avaient trahi la foi reçue !

La punition était exécutée.

Je quittai Verden pour Thionville, où je célébrai le jour de la naissance du Seigneur et Pâques.

13.

Jamais comme en ces années 782-783, après le châtiment qu'à Verden j'avais infligé aux Saxons, je n'avais été autant glorifié.

Les évêques, les comtes et les ducs, le peuple franc déposaient chaque jour devant moi leurs éloges. Lors des assemblées du « champ de mai », ils renouvelaient leurs serments, leurs acclamations.

Les envoyés du souverain pontife me murmuraient qu'à Rome, on songeait, pour moi, au trône impérial. Ils m'assuraient que tous les dignitaires et les peuples de l'Europe voulaient que je ressuscite l'Empire chrétien d'Occident.

Le mot résurrection faisait battre mon sang, et la tentation d'être Karolus Magnus, empereur chrétien, successeur de Constantin, m'envahissait, et il me semblait souvent que mes tempes allaient se fendre et mes pensées se répandre.

Mais il y avait les nuits.

C'étaient elles que je craignais.

Au lendemain de la décapitation des quatre mille cinq cents Saxons à Verden, j'avais été réveillé en sursaut.

J'étais enveloppé dans mon manteau, des peaux de rats et de loutres nouées autour de mon cou, car l'air nocturne était glacial.

J'avais cru que j'allais me rendormir aussitôt, mais l'insomnie se prolongea, et je me levai, marchant dans les salles de ma résidence de Thionville.

Je voyais les corps saxons décapités, portés par un fleuve de sang, envahir toutes les pièces.

Je savais que les démons hantaient ces peuples adorateurs d'idoles et tentaient de me faire perdre la raison. Je ne les craignais pas : j'avais agi pour le bien de notre Sainte Église.

Mais ils me harcelaient, et la peau de mon dos était comme percée de cent pointes acérées, et j'avais beau tordre mon bras, allonger ma main, je ne pouvais atteindre l'une de ces démangeaisons, ce fourmillement qui m'empêchait de me rendormir.

Après Verden, il en fut ainsi chaque nuit. Si bien que je dormais après le repas du jour, apaisé, jusqu'à ce que le crépuscule me réveille et que l'insomnie m'agrippe et ne me lâche plus.

Alors, dès l'aube, je rassemblais mes veneurs, les comtes, mes fils et filles, et je commençais une longue chasse, menant ma troupe au galop, dans l'espoir que la fatigue allait m'assommer.

Mais les démons étaient là, mêlés aux corps des Saxons, et le sang formait sur le sol des taches brunes.
Il me restait à marcher et à prier.

Seul le corps nouveau d'une jeune femme pouvait m'arracher à ces interminables nuits sans sommeil. Je m'endormais après avoir aimé, mais cette accalmie ne durait pas.
Je reprenais alors ma marche nocturne et souvent j'allais à la recherche d'une autre femme.

Et puis il y eut, le 30 avril 783, la mort soudaine de mon épouse Hildegarde – mère de mes trois fils et de mes trois filles –, et trois mois plus tard, le 12 juillet 783, le décès de ma noble mère la reine Bertrade.
Leurs morts me frappèrent durement, comme si quelqu'un brisait ma nuque et mon dos. Je les avais l'une et l'autre entourées d'honneurs.
Je fis inhumer en grande pompe ma noble mère dans la basilique de Saint-Denis où reposait déjà mon glorieux père Pépin III le Bref.

J'avais quarante et un ans, mon corps était aussi vigoureux, aussi infatigable que lorsque, jeune chasseur ou guerrier novice, j'accompagnais mon père dans les forêts des Ardennes ou en Aquitaine.
J'ai donc, après la mort d'Hildegarde, choisi une nouvelle jeune épouse, Fastrade, une Germaine de la race des Francs orientaux, qui me donna deux filles – Théodrade et Hiltrude.

Fastrade mourut en 794 et j'épousai l'Alémane Liutgarde. Mais lorsqu'elle succomba aux fièvres, en 800, il m'a paru que le temps des épousailles était passé. Je vécus avec des concubines, Madelgarde puis Gervinde, une Saxonne et une reine.

La mort m'a donc accompagné.
J'ai perdu des enfants en bas âge et des fils dont j'avais déjà pu mesurer les qualités.
Mais Dieu décide.
J'avais également une sœur, Gisèle, que j'ai entourée d'affection. Elle s'était vouée à la vie religieuse, mère supérieure du monastère de Chelles.
Mais Dieu l'a appelée auprès de lui.

Peut-être les démons qui me tirent du sommeil chaque nuit, depuis les exécutions de Verden, ne sont-ils que les visages que choisit la mort pour nous rappeler que nous sommes tous, à chaque souffle de vie, dans la main de Dieu.

14.

C'était l'an 783.
Hildegarde, ma femme, et la reine Bertrade, ma noble mère, venaient de mourir. Mais j'avais déjà pris nouvelle épouse, la Germaine Fastrade, jeune, féconde et gracieuse. Et je n'étais pas étonné par la succession des événements qui composaient et orientaient ma vie.
Dieu décidait. Je vivais. Donc j'étais entre ses mains.
Et toutes les guerres que j'avais gagnées, les femmes que j'avais aimées formaient dans mon souvenir comme ces nuages qui changent de forme, s'étirent, s'effacent, reviennent, blancs ou sombres. La vie se déroulait ainsi. Dieu seul savait. Il régentait le monde.

Ma peau avec les années était devenue épaisse et tachetée, parfois grise.
J'avais appris à supporter ces démangeaisons, ces piqûres qui griffaient mon dos.

Tout était possible dans ma vie – comme dans toute vie –, et je l'acceptais sans être surpris. Dieu seul savait.

Ainsi, je ne fus pas étonné d'apprendre que le chef saxon Widukind parcourait la Saxe, de la Weser à l'Elbe, appelant ses tribus à la révolte.

Il fallait recommencer la guerre et je confiais une de mes armées à mon fils aîné Charles.

Trois années durant, de 783 à 785, nous avons combattu, et j'ai, à Detmold et sur la Haase, exterminé les Saxons qui m'avaient défié.

Ce furent deux batailles rangées, gorgeant la terre de sang. Nous, les hommes de fer, fûmes impitoyables.

Je ne m'apitoyais pas devant ces monceaux de cadavres. Au contraire, chaque fois que je frappais un Saxon, je savais que j'accomplissais l'une des tâches que Dieu m'avait confiées. Un jour viendrait où les survivants de ce peuple perfide, adorateur d'idoles, se convertiraient à la foi en Jésus-Christ.

Mais il fallait les contraindre et j'ai donné l'ordre de brûler les villages, de saccager les champs d'orge et de blé.

Ce furent des mois où la guerre ressemblait à la chasse.

J'avais pris résidence au château de Heresburg, non loin de la Weser. J'y avais installé une garnison de valeureux guerriers, qui protégeaient mes proches, femme et concubines, et ma descendance.

Je quittais le château à l'aube et nous dévastions le pays, ses châteaux et ses masures.

Nous massacrions à grands coups de lames, et nous rassemblions les survivants que nous poussions sur les routes comme un troupeau d'animaux sauvages que nous allions dresser.

Je les installais loin de la Saxe, dans le royaume franc, et avec les terres dont je les avais chassés, je rétribuais de fiers soldats francs. Ainsi des chrétiens prenaient-ils la place des adorateurs d'idoles.

Mais je n'avais pas réussi à capturer et à convertir Widukind.

Il avait franchi l'Elbe et s'était réfugié au pays des Danois.

Je devais le terrasser.

Que de nuits à prier, à attendre un signe de Dieu qui m'eût éclairé sur le chemin que je devais prendre !

À la fin d'une longue insomnie, je décidai d'envoyer des messagers afin de promettre à Widukind l'oubli des guerres passées et le baptême. Et je serais son parrain.

Longues et difficiles furent nos tractations, mais à la fin de l'année 785, il se rendit à Attigny et aussitôt je le présentai aux évêques, qui organisèrent la célébration de son baptême.

Je lui fis don d'une terre, le traitai comme un chef digne de respect, et sa reddition fut saluée par le souverain pontife comme une grande victoire chrétienne.

Le pape Adrien ordonna trois jours de prières pour saluer l'événement.

« L'auteur de tout le mal, déclara le pape, de tant de perfidies, s'est soumis à Karolus Magnus, il a reçu la grâce du baptême. »

Je n'avais pas conduit ces guerres en vain.

La Sainte Église rayonnait. Ses prédicateurs – ainsi Willehad – évangélisèrent les terres saxonnes. Des évêques prirent résidence à Verden, à Brême, et dans bien d'autres villes.

Une nouvelle fois, je crus – j'espérais – que la paix allait enfin régner.

Mais en l'an 793, des Saxons traversèrent la Weser et les fumées des incendies envahirent l'horizon.

Je parcourus à nouveau toute la Saxe. Mes soldats massacrèrent, chassèrent de leurs terres les rebelles.

Et cela dura cinq années, de l'an 794 à l'an 799 !

Mais Notre-Seigneur régnait !

Avec l'aide de mes clercs, je fis rédiger une ordonnance qui avertissait les peuples saxons de ma détermination à châtier ceux qui ne respecteraient pas les règles que j'établissais, et les rassemblai dans un capitulaire, dont je veux ici rapporter les différentes dispositions.

Je voulais en les énonçant que chaque Saxon, d'abord, mais aussi tous ceux qui vivaient sous mon autorité sacrée sachent à quelles peines ils seraient soumis s'ils n'obéissaient pas à leur roi, Karolus Magnus, serviteur de Dieu.

Premier capitulaire saxon
Capitulatio de partibus Saxoniae
775-790

1. Il a plu à tous que les églises du Christ que l'on construit maintenant en Saxe, et qui sont consacrées à Dieu, ne jouissent pas de moins d'honneur, qu'elles soient même bien plus respectées que ne l'ont été les temples des idoles.
2. Si quelqu'un se réfugie dans une église, que personne n'ose l'en chasser par violence ; mais qu'il y trouve une sauvegarde jusqu'à ce qu'il soit présenté au plaid. Que par honneur pour Dieu et pour les saints de l'Église, il lui soit fait grâce de la vie et de tous ses membres. Mais il satisfera par amende autant qu'il pourra et qu'il lui sera infligé par jugement ; et il sera conduit en la présence du seigneur roi qui l'enverra où il plaira à sa clémence.
3. Si quelqu'un entre par violence dans une église et y enlève quelque chose à force ouverte ou par larcin, ou mette le feu à l'église, qu'il soit puni de mort.

4. Si quelqu'un viole le saint jeûne de carême par mépris pour la religion chrétienne, et mange de la viande, qu'il soit puni de mort. Les prêtres examineront pourtant s'il n'y a point été forcé par un motif de nécessité.

5. Si quelqu'un a tué un évêque ou un diacre, qu'il soit, de même, puni de mort.

6. Si, égaré par le diable, quiconque homme ou femme s'adonne à la magie, et mange de la chair humaine, et qu'à cause de cela, il fait rôtir cette chair ou qu'il la donne à manger, qu'il soit puni de mort.

7. Si quelqu'un fait consumer par les flammes, selon le rite des païens, le corps d'un homme défunt, et qu'il en réduise les os en cendres, qu'il soit puni de mort.

8. Si, à l'avenir, quelqu'un de la nation saxonne demeure non baptisé, se cache et refuse le baptême, voulant rester païen, qu'il soit puni de mort.

9. Si quelqu'un offre un sacrifice humain au diable et aux démons selon la coutume païenne, qu'il soit puni de mort.

10. Si quelqu'un conspire avec les païens contre les chrétiens et qu'il persévère à être leur ennemi, qu'il soit puni de mort. Qu'il en soit de même de celui qui serait le complice de ces agissements criminels contre le roi et le peuple chrétien.

11. Celui qui est convaincu d'infidélité envers le seigneur roi [...]

12. Celui qui ravit la fille de son maître […]
13. Celui qui tue son maître ou sa maîtresse sera puni de la même peine. […]
18. Que les jours de dimanche l'on ne convoque point d'assemblées ni de plaids publics, si ce n'est dans le cas d'une grande nécessité ou d'une menace de guerre, mais que tous se rendent à l'église pour entendre la parole de Dieu et servir les bonnes œuvres. De même, dans les grandes fêtes, que l'on serve Dieu et l'Église et que l'on s'abstienne des plaids séculiers.
19. Nous ordonnons encore que tous les enfants soient baptisés dans le délai d'un an. Si quelqu'un néglige, passé ce délai, de présenter son enfant au baptême sans l'avis ou la permission du prêtre, qu'il paie au fisc une composition de cent vingt sous s'il est noble, de soixante sous s'il est de condition libre.
20. Si quelqu'un contracte un mariage prohibé ou illégitime, qu'il paie soixante sous s'il est noble, trente sous s'il est homme libre.
21. Si quelqu'un fait un vœu aux fontaines, aux arbres ou aux forêts, ou qu'il fasse quelques offrandes suivant les rites des païens et mange en l'honneur des démons, qu'il paie soixante sous s'il est noble, trente s'il est de condition libre. S'il n'a pas de quoi payer l'amende, qu'il

soit livré à l'Église pour la servir, jusqu'à l'acquittement des sous de la composition. [...]

23. Nous avons résolu de livrer les devins et les sorciers aux églises et aux prêtres. [...]

25. Que nul ne s'avise en aucune manière de s'emparer de la personne d'autrui. Celui qui l'aura fait paiera l'amende. [...]

30. Si quelqu'un tue un comte, ou qu'il ait conseillé de le tuer, que ses propriétés soient confisquées et dévolues au roi. [...]

34. Nous défendons d'une manière générale à tous les Saxons de se réunir en assemblées publiques à moins que notre *missus*[1] ne les convoque de notre part. Mais chaque comte tiendra les plaids et rendra la justice dans son comté. Et nous recommandons aux prêtres de veiller à ce qu'il ne soit pas fait autrement.

Je voulais être le roi d'un seul peuple, uni par la même foi, craignant le châtiment suprême et respectant, partout, de l'Elbe à l'Atlantique, de la Frise à l'extrémité de l'Italie, les mêmes lois.

---

1. Représentant du roi des Francs.

15.

Je régnais.
Je n'avais devant moi, quand je traversais un village ou pénétrais dans un monastère ou une église, que des nuques courbées. Il me semblait reconnaître les attitudes des quatre mille cinq cents Saxons de Verden. Et j'avais donné l'ordre qu'ils soient décapités.
Je ne le regrettais pas. C'était le châtiment de perfides et parjures païens.

Les Saxons ne l'étaient plus.
Verden était un siège épiscopal, comme Paderborn, Münster, Osnabrück. Et l'on bâtissait des églises dans chaque évêché, des abbayes, des forteresses et des villages naissaient.
Le temps était peut-être venu de la vraie paix.

Je ne voulais pas que mon règne fût seulement celui d'un roi qui terrorise.
Mais les *missi dominici* qui parcouraient mon royaume me rapportaient que la peur du châtiment était telle que mes sujets les plus humbles

semblaient frappés par la foudre quand on s'adressait à eux au nom de Karolus Magnus.

Pour eux, j'étais « l'homme de fer » devant lequel les moissons ployaient, les rivières débordaient. Alors on fuyait dans les forêts, on se cachait, épouvanté, dans les entrailles de la terre.

J'interrogeais mon conseiller Pierre de Pise, et je fis d'Alcuin, un Saxon de Bretagne, mon maître. Il était l'homme le plus savant qui existât.

Je le recevais le matin alors que je me chaussais et m'habillais.

Il me donnait sans crainte ni timidité ses avis. Souvent il me conseillait d'écouter des plaideurs qui exposaient leur affaire. Je les laissais argumenter longuement puis je délivrais ma sentence.

J'acceptais la suggestion d'Alcuin, qui voulait que je modifie le capitulaire consacré aux Saxons, dans lequel chaque disposition se terminait par une conclusion sanglante qui tombait comme une hache sur la nuque du coupable : « Qu'il soit puni de mort ! »

J'abolis donc la peine de mort pour plusieurs délits, et je la remplaçai par des taxes dont une partie reviendrait aux églises et aux prêtres :

« Et il nous a plu, sous les auspices de Jésus-Christ, que partout où le fisc aurait à percevoir un cens de quelque nature que ce soit, soit pour toute autre redevance ou amende due au roi, la dixième partie en sera remise aux églises et aux prêtres. »

EMPEREUR CHRÉTIEN

Alors les Saxons osèrent lever les yeux vers moi.

Je leur confiais le soin d'appliquer leurs lois mais je ne les autorisais pas à garder leurs idoles.

Ils devinrent « mes fidèles Saxons » et prirent part aux guerres qu'il me fallut continuer de livrer non plus contre eux – j'avais veillé à ce que leur chef Widukind, baptisé, s'installât loin de la Saxe –, mais contre des peuples nouveaux qui venaient déferler contre les forteresses construites à nos frontières.

J'agis de même avec les Lombards et les Aquitains.

Le 15 avril 781, mon second fils, Pépin, âgé de quatre ans, fut à ma demande baptisé par le pape Adrien et sacré roi d'Italie. J'étais auprès de lui, à Rome, pour faire mes Pâques. Je ne me lassais pas de cette ville majestueuse, impériale.

Les évêques proches du souverain pontife me chuchotèrent que la dignité d'empereur était celle que Dieu me destinait.

J'écoutais d'abord silencieux, mais dans ma poitrine mon cœur battait si vite que pour le maîtriser, je commençais à parler, et les mots venaient avec abondance et facilité.

Je n'évoquais jamais l'empire, comme si les évêques n'avaient pas prononcé ce mot. Et au fur et à mesure que je parlais, recevant les compliments des évêques qui louaient ma maîtrise du latin, mon cœur se calmait.

En 781, toujours, mon troisième et dernier fils, Louis, fut baptisé et sacré roi des Aquitains.

À Orléans, aux portes de l'Aquitaine, je fis forger une armure pour ce fils de trois ans.

Je le hissai moi-même sur un cheval, et il entra ainsi dans son royaume.

Chacun de mes trois fils était donc destiné à régner lorsque la mort viendrait me quérir au nom de Notre-Seigneur :

Charles, mon fils aîné, me succéderait au cœur de mon royaume franc.

Pépin était déjà le roi d'Italie.

Louis venait d'être sacré roi d'Aquitaine.

Je me souviens que, cette nuit-là, pensant à ce partage entre mes fils, j'avais longuement prié, m'en remettant à la grâce de Dieu.

16.

Et, tout à coup, au cours d'une de ces nuits où j'errais seul dans l'une de mes résidences – palais, villa ou forteresse, et ce pouvait être aussi la tente royale, dressée au milieu d'un camp de l'armée –, j'eus le corps traversé par une douleur fulgurante qui me perça le dos à la hauteur des hanches et me força à m'immobiliser.

Je mordis mes lèvres pour ne pas hurler.

J'avais chevauché toute la journée dans les forêts voisines, traquant un ours dont les yeux flamboyaient de rage et de désespoir.

Je m'étais dressé sur mon cheval, et au moment de lancer mon javelot, mon bras s'était raidi. C'étaient les veneurs, les chevaliers et les comtes qui avaient cerné et abattu l'ours.

Je n'avais pas prêté attention à cet incident de chasse.

Or voici que j'avançais comme un vieil homme, impuissant à soutenir mes pieds, les faisant glisser sur le sol.

J'avais réveillé mes serviteurs. On m'avait préparé un bain brûlant, et mon corps peu à peu avait recouvré sa souplesse.

J'avais remercié Dieu, mais pour la première fois de ma vie, je m'inquiétais des intentions de Notre-Seigneur.

Deux de mes enfants, à peine nés, venaient de mourir. Ils étaient baptisés et je n'avais pas douté de leur place auprès de Dieu.

Mais je m'interrogeais. Dieu voulait-il me punir ? me mettre une nouvelle fois à l'épreuve ? Lançait-il à dessein contre mon royaume franc des peuples qui nous étaient inconnus et qui maintenant, du fait des victoires que j'avais remportées, se pressaient à nos frontières ?

Je dus ainsi affronter les Avars, ce peuple de cavaliers, de pillards païens qui crucifiaient sur les portes des églises les prêtres qu'ils captureraient.

Alcuin, féru d'histoire, assurait qu'ils étaient les descendants des Huns, ces barbares qui s'étaient jetés sur l'empire de Rome.

Ils obéissaient à un chef, le Khagan, et ils occupaient à l'est de la Bavière les plaines de la Pannonie.

Au nord de la Saxe, les Slaves et les Danois franchissaient nos frontières nouvelles, puis se retiraient.

Pouvais-je ignorer ce harcèlement ? Dieu voulait-il que je convertisse ces peuples et que je m'engage dans de longues guerres ?

EMPEREUR CHRÉTIEN

Au sud de l'Aquitaine, en Espagne, les Arabes et d'autres peuples, comme les Basques – pourtant fidèles à notre Sainte Église –, harcelaient nos armées composées d'Aquitains, dont mon fils Louis était le roi.

J'ai, toutes les nuits, dans la solitude noire, prié Dieu.

La cruauté de ces peuples était sans limites et la plupart étaient païens. J'aspirais à la paix. Je voulais organiser ce royaume étendu qui était désormais le mien.

Je pensai à l'empire. Mais Dieu voulait que je livre bataille. J'ai donc convoqué les comtes, les ducs, les chevaliers, les évêques dans une grande assemblée, et j'ai décidé d'affronter ces peuples païens et tous ceux qui agiraient en ennemis, fussent-ils chrétiens.

Le temps du doute s'achevait.

Celui de la guerre continuait.

17.

Il y eut la guerre en Espagne contre les infidèles qui reconnaissaient Mahomet comme leur prophète.

Ils étaient divisés, rivaux.

L'un de leurs seigneurs créa le califat de Cordoue en 755, et l'un des émirs du nord de l'Espagne, celui de Saragosse, Sulayman al-Arabi, vint en 777 à Paderborn solliciter ma protection et m'abandonna les « cités auxquelles il commandait ».

En 778, je m'engageais à la tête de mon armée en Pays basque, cependant qu'une autre partie de mes troupes faisait la conquête de Pampelune, Gérone et Huesca.

Je mis le siège devant Saragosse, mais elle résista.

J'acceptai de traiter avec les émirs de la ville et j'obtins en échange de mon départ des coffres remplis d'or.

Je n'étais pas satisfait. Je mesurais la vigueur avec laquelle on me résistait. De nombreux chevaliers valeureux périssaient dans ces combats.

J'étais inquiet.

Mon armée, en ce mois d'août de l'an 778, cheminait en longue file ainsi que l'exigeait l'étroitesse du passage.

« Des Basques placés en embuscade, car les bois épais qui abondent en cet endroit sont favorables aux embuscades, dévalèrent du haut des montagnes et jetèrent dans le ravin les convois de l'arrière ainsi que les troupes qui couvraient la marche du gros de l'armée ; puis, engageant la lutte, ils les massacrèrent jusqu'au dernier homme, firent main basse sur les bagages et finalement se dispersèrent avec une extrême rapidité à la faveur de la nuit qui tombait. Les Basques avaient pour eux, en cette circonstance, la légèreté de leur armement et la configuration du terrain tandis que mes Francs étaient desservis par la lourdeur de leurs armes et leur position en contrebas[1]. »

C'était à Roncevaux, le 15 août 778, et ce nom seul, tant d'années plus tard, me fait encore tressaillir.

Nombre des miens furent tués : le sénéchal Éginhard, le comte du palais Anselme, et mon fier Roland, duc de la marche de Bretagne, ainsi que plusieurs autres.

---

1. Récit d'Éginhard : *Vie de Charlemagne*, éditée et traduite par Louis Halphen en 1923. Les Belles Lettres.

EMPEREUR CHRÉTIEN

« Et je ne pus venger ce revers sur-le-champ parce que les ennemis, le coup fait, se dispersèrent si bien que je ne pus savoir en quel coin du monde il eût fallu les chercher. »

Mais Roncevaux restait en moi comme une plaie ouverte, que les attaques des Sarrasins rendaient plus douloureuse. Ils menaient contre moi, contre les chrétiens, une « guerre sainte », le djihad.
Ils envahissaient mon royaume, héritier des Gaules. Ils brûlaient les faubourgs de Narbonne, ils marchaient sur Carcassonne. Guillaume au Court Nez, l'un des preux les plus valeureux, avait engagé le combat et avait été vaincu !
Les infidèles, après avoir pillé le pays, accumulé un riche butin, et emmenant de nombreux captifs, avaient pu rentrer chez eux impunis !

Ces années-là furent celles de mes douleurs, mais je ne doutais plus. Dieu me mettait à l'épreuve. Je devais vaincre.
Les Aquitains firent la conquête des places fortes qui contrôlaient les vallées des Pyrénées. Barcelone se rendit. La Navarre et Pampelune furent occupées. Et j'attaquai les infidèles jusque dans leurs repaires des îles Baléares.

En octobre 810, Haschen – l'un des émirs sarrasins –, qui avait lancé la guerre sainte et déclaré : « Dieu a relevé la gloire de l'islam par l'épée des champions de la foi ! Dans son livre sacré, il a promis aux fidèles un secours et une victoire brillante », m'envoya des émissaires pour obtenir la paix.

J'acceptai son offre.

Mes plus fidèles comtes et chevaliers avaient laissé leur vie sur ces territoires, mais ils avaient fait reculer les infidèles. Et la chrétienté avait étendu son royaume.

Il y avait désormais une « marche d'Espagne », à partir de laquelle je pouvais arracher toute l'Espagne aux infidèles.

Serais-je l'acteur de cette nouvelle guerre ?

Dieu décidait de celles que je devais mener. Mais c'était à moi d'agir, et j'étais libre de mes choix.

18.

En l'an 790, je tenais à Worms une grande assemblée des représentants des peuples de mon royaume.

Ceux de l'Est – les comtes, les évêques, les hommes libres, les chevaliers – se plaignaient des attaques, des dévastations que les Avars multipliaient, violant nos frontières. Ils tuaient, ils torturaient, pénétrant profondément dans le pays de Bavière qui désormais faisait partie du royaume franc.

J'hésitais à convoquer l'armée alors que je devais continuer à mener la guerre contre les Saxons.

Il y eut des murmures dans l'assemblée, et je vis s'avancer, de longues tresses encadrant leurs visages ronds à la peau tannée, des cavaliers, des hommes qui se présentèrent comme les députés des Avars.

Ils désiraient la paix, disaient-ils.

Et je fus tenté de signer un traité avec ce peuple avar qu'Alcuin, inquiet, nommait les Huns.

Je décidai de gagner du temps et l'année suivante, en 791, je convoquai l'armée à Ratisbonne. J'hésitais encore.

J'écoutais les représentants de mon royaume. Je priais « et ayant pris le conseil des Francs, des Saxons et des Frisons, je résolus d'engager la guerre contre les Avars, à cause des maux excessifs et intolérables qu'ils avaient fait subir au peuple chrétien et à la Sainte Église sans qu'il fût possible d'obtenir d'eux aucune justice ».

Ce fut donc la guerre.

Mes fidèles Saxons et les Frisons, sous les ordres du comte Théodoric, suivirent la rive gauche du Danube. Moi, avec les Francs, je chevauchais sur la rive droite.

Des bateaux chargés de nos approvisionnements descendaient le fleuve.

Avant d'engager la bataille, je décidai d'arrêter la marche de l'armée. Je voulais que chacun de ceux qui allaient risquer leur vie sache que cette guerre était celle de Notre-Seigneur.

Pendant trois jours, l'armée pria.

« Nous avons fait des processions pendant trois jours à partir du lundi des nones de septembre, et nous avons prié la miséricorde divine de nous accorder le repos, la santé, la victoire et un heureux succès pour notre expédition.

« Nos prêtres ont ordonné à tous ceux qui le pouvaient de s'abstenir de viande et de vin pendant ces trois jours.

« Ceux qui voulaient se racheter de cette abstinence ont dû faire une aumône proportionnelle à leurs moyens.

« Chaque prêtre a dit une messe aux mêmes intentions ; chaque clerc a chanté cinquante psaumes et tous ont marché pieds nus à la procession. »

Puis nous nous remîmes en marche et les Avars s'enfuirent sans combattre.

Nous dévastâmes ce pays hostile où nos chevaux moururent par milliers, victimes d'une épidémie. Leurs corps pourrissants empoisonnaient l'air que nous respirions.

Tel fut le début de cette guerre contre les Avars.

Je n'imaginais pas qu'elle pût durer huit années, qu'elle entraînerait la disparition des Avars, car nous les massacrâmes tant leur cruauté était grande.

Après ce premier combat, je laissai la conduite de la guerre à mon fils Pépin, et à deux preux valeureux, Éric, duc de Frioul, et Gerold, gouverneur de Bavière.

Tous deux y perdirent leur glorieuse vie. Éric tomba près de la cité maritime de Tersatto, dans une embuscade préparée par les habitants de cette place, et Gerold fut frappé en Pannonie par la main d'un inconnu alors qu'il chevauchait pour exhorter ses troupes avant d'engager le combat contre les Avars.

Mais avant de mourir, Éric, duc de Frioul, avait attaqué en 795 le Ring, l'immense camp des Avars.

Ce camp de forme circulaire était entouré de neuf enceintes concentriques. Les murs hauts et larges de vingt pieds étaient faits de troncs d'arbres et de pierres très dures, recouverts de gazon. Des portes rares et étroites permettaient de passer d'une enceinte à l'autre. La demeure du « Khagan » se trouvait au centre.

Éric força l'entrée du Ring et découvrit les trésors accumulés par les Avars.

Pas une guerre de mémoire d'homme ne rapporta un pareil butin. Je fis convoyer ces trésors jusqu'à Aix où je résidais et je décidai d'en donner une partie au pape. Je partageai le reste entre mes fidèles.

En 799, les survivants des Avars se rebellèrent encore et mon armée les extermina.

Les Avars survivants furent refoulés par les Slaves et ils se tournèrent vers moi, demandant ma protection.

En 809, je la leur accordai.

La guerre que j'avais menée contre les Avars ne cherchait pas à s'approprier leur trésor.

Le butin que j'offrais à Notre-Seigneur, c'était de nouveaux chrétiens.

19.

Ces dernières nuits, le souffle et les mots m'ont manqué.

Je n'ai plus eu la force de m'enfoncer dans ma mémoire. Il m'a semblé tout à coup qu'au lieu de faire le récit de ma vie à Éginhard, dont la plume crissait sur le parchemin, je devais me préparer à comparaître devant Notre-Seigneur.

Mon récit était aussi parvenu au bout de mes grandes guerres.

Celles que j'avais menées, il y a seulement quelques mois, en dévastant le pays des Slaves, contre les Wilzes, bien qu'elles fussent cruelles, n'avaient pas la grandeur sauvage de celles qui avaient duré plusieurs décennies contre les Saxons, les Avars, les Sarrasins.

Les Slaves se soumirent et je contraignis à l'obéissance les Suédois et les Danois, qu'Alcuin, mon maître savant, appelait les Normands.

Ceux-là débarquaient de plus de deux cents vaisseaux sur les côtes de la Frise, pillaient et massacraient, puis rembarquant chargés de butin, s'enfonçaient dans la brume qui couvrait souvent cette mer glacée.

Alors je fis construire une flotte, parce que, à combattre ces « Normands », j'avais mesuré leur détermination, leur violence cruelle. C'étaient des conquérants et je savais qu'ils me survivraient et que ce serait à mes fils de les vaincre et de les convertir.

À quoi bon entreprendre le récit de ce que je ne pourrai finir ?

Je chargeai Éginhard de dresser le tableau de toutes mes guerres, et je lui laissai quelques jours pour me présenter son œuvre.

Je profitai de cette interruption pour chevaucher, emplir ma poitrine de ce souffle qui courbait les cimes des arbres. Et au cinquième jour, j'écoutai le tableau qu'avait dressé Éginhard de mes conquêtes.

Je le félicitai et lui ordonnai de placer son œuvre à la suite de mes propos.

La voici.

Éginhard avait écrit :

« Telles sont les guerres que Karolus Magnus, roi tout-puissant, au cours de son règne, fit dans les diverses parties du monde avec autant de prudence que de bonheur.

« Aussi le royaume des Francs, que son père Pépin III le Bref lui avait transmis déjà vaste et fort, sortit-il de ses mains glorieuses accru de près du double.

« Avant lui, en effet, ce royaume, abstraction faite du pays des Alémans et de celui des Bavarois, qui en formaient une dépendance, comprenait seulement la partie de la Gaule sise entre le Rhin, la Loire, l'océan et la mer Baléare, et la partie de la Germanie habitée par les Francs dits orientaux, entre la Saxe, le Danube, le Rhin et la Saale, qui sépare le pays des Thuringiens de celui des Sorabes.

« À la suite des guerres que nous venons de rappeler, il y annexa l'Aquitaine, la Gascogne, toute la chaîne des Pyrénées et le pays jusqu'à l'Èbre, qui, né en Navarre et après avoir coupé les plaines les plus fertiles de l'Espagne, se jette dans la mer Baléare sous les murs de la cité de Tortosa ; il y ajouta toute l'Italie qui, d'Aoste jusqu'à la Calabre inférieure, où se trouve la frontière entre les Grecs et les Bénéventains, s'étend sur une longueur de plus d'un million de pas ; il y joignit la Saxe, qui forme une grande partie de la Germanie, où elle occupe un espace d'une longueur qui peut être égale à celle du territoire qu'y occupent les Francs, et d'une largeur qu'on estime au double ; il y joignit encore les deux Pannonies (avec le peuple des Avars), la Dacie (sur l'autre rive du Danube), l'Istrie, la Liburnie, la Dalmatie, à l'exception des cités maritimes qu'il abandonna à l'empereur de Constantinople en gage d'amitié et d'alliance ; et enfin, entre le Rhin, la Vistule, l'océan et le Danube, il dompta et soumit au tribut tous les peuples barbares et sauvages de Germanie qui se ressemblent par leur langage, encore qu'ils se différencient beaucoup par leurs mœurs et leur façon de vivre, et au premier rang desquels on peut placer les Wilzes, les Sorabes, les Abodrites, les Bohémiens, contre qui il fut en guerre, tandis que les autres, en bien plus grand nombre, faisaient d'eux-mêmes leur soumission. »

Plusieurs fois j'avais demandé à Éginhard de s'interrompre.

Je fermais les yeux. Je voyais surgir dans la nuit les visages des preux qui étaient morts à Roncevaux, ou dans les forêts saxonnes, ou dans les plaines de Pannonie. J'étais sûr de les retrouver autour de Notre-Seigneur, et cette espérance m'apaisait.

Ces guerres qui avaient dévoré tant de mes proches, je les avais menées pour Notre-Seigneur. Il m'avait donné la puissance et la gloire. Et je l'avais suivi ; fidèle jusqu'à ces derniers souffles qu'il m'accordait.

20.

J'avais retrouvé les mots et le souffle qui les portait.

Et ainsi dans les nuits de mon palais d'Aix, j'avais repris mon récit, me retournant souvent pour m'assurer qu'Éginhard écrivait, une tablette pendue à son cou et appuyée horizontalement à sa poitrine.

Il notait et je reprenais lorsqu'il se redressait un peu, sa plume un instant immobile.

Ces années-là, on me nommait « Karolus Magnus, roi des Francs, gouvernant les Gaules, la Germanie, l'Italie ». Les rois d'Écosse ou d'Irlande m'appelaient « leur maître », ou leur « très cher frère ».

J'étais le protecteur et le patron des pèlerins qui se rendaient aux lieux saints. C'est le calife de Bagdad, Hâroun ar-Rachîd, qui m'avait accordé ce privilège.

J'avais essayé de l'imaginer dans cette ville si lointaine, dont mes ambassadeurs vantaient la richesse et la beauté. Hâroun ar-Rachîd me faisait dire par ses envoyés qu'il « préférait mon amitié à celle de tous les rois et princes de la Terre ». Il m'offrit le seul éléphant qu'il possédait, des singes, des épices et des parfums.

À mon tour je veillais à ce que les cadeaux que je lui adressais soient des trésors d'orfèvrerie, des armes de grand prix. Et je profitais de son amitié pour aider les chrétiens qui vivaient en Orient. De Carthage à Alexandrie, de l'Égypte à la Syrie, et naturellement à Jérusalem, on louait ainsi la puissance du roi chrétien.

Le roi de Galice et des Asturies, Alphonse, m'envoyait des prisonniers maures qui devaient me permettre d'obtenir en échange la libération de chrétiens.

Théodulfe, l'évêque d'Orléans, m'adressa – peut-être était-ce en 790 – un poème dont peu à peu, dans cette nuit, dix ans plus tard, les vers me revenaient. En les notant, Éginhard répétait avec exaltation : « Mon roi, mon roi ! »

Théodulfe écrivait :

« À ta voix, Karolus Magnus, les nations se rangent.

« Voici venir le Hun aux cheveux tressés, l'Arabe à la chevelure dénouée.

« Le monde entier résonne de toi et de tes louanges, ô Roi !

« Et bien que le monde entier dise beaucoup, il ne peut tout dire.

« On peut mesurer la Meuse, le Rhin, la Saône, le Rhône, le Tibre et le Pô, mais ta louange est sans mesure.

EMPEREUR CHRÉTIEN

« Ô combien heureux celui qui peut être toujours auprès de toi, contempler ton visage trois fois plus brillant que l'or et ton front digne du poids du diadème. »

Je m'arrêtai. Je me tournai vers Éginhard.
Lui, comme Alcuin, comme les hommes libres, les comtes et les ducs, mais aussi les fermiers, les paysans, les serfs, appartenait à mon royaume.
Et la foi en Jésus-Christ Notre-Seigneur faisait de tous les peuples que j'avais rassemblés un seul peuple, le peuple chrétien, « *Populus Christianus* ».

21.

Notre-Seigneur a-t-il voulu me rappeler que toute action humaine est imparfaite, et que le Mal peut se glisser parmi ce *Populus Christianus* que j'étais si fier d'avoir rassemblé dans mon royaume ? Notre-Seigneur a-t-il jugé que la vanité m'aveuglait ?

Je sais seulement qu'il a suffi de quelques mots, que l'un des clercs de la cour me chuchota, pour que la paix qui m'habitait se muât en colère.

J'appris que les Francs qui m'avaient prêté serment tramaient un complot contre moi. On m'accusait d'avoir oublié ma bonté, ma mansuétude, les principes de notre foi chrétienne, pour satisfaire la cruauté de Fastrade, mon épouse. On préparait mon assassinat.

Ces conjurés avaient convaincu mon premier fils, Pépin le Bossu, fruit de ma brève union avec Himiltrude, de les rejoindre. Mon fils !

Je le côtoyais chaque jour. J'avais voulu que, malgré sa difformité, il restât auprès de moi, même si je l'avais exclu de ma succession.

Je fis arrêter les conjurés, qui prétendaient être victimes des calomnies de la reine. Et je décidai qu'ils seraient soumis au jugement de Dieu.

Ils devaient affronter en duel à mort un chevalier que je désignais. Ou bien se soumettre à l'épreuve de la croix. Il fallait pour être innocenté tenir debout les bras en croix plus longtemps que tous ses adversaires. Ou bien plonger le bras dans une eau bouillante et les brûlures devaient rapidement guérir si l'on était innocent.

Les accusés reconnus coupables furent exécutés.

Le comte Theudald, vainqueur du duel, fut innocenté.

Et je fis grâce à mon fils condamné à mort, Pépin le Bossu, qui fut tonsuré et enfermé dans le monastère de Prüm, situé entre Aix et Trèves.

Le temps – plus de vingt années – s'est écoulé, mais je n'ai pas oublié l'inquiétude qui m'a étreint, en mesurant la haine qui avait aveuglé mon propre fils, Pépin le Bossu. Et l'avoir gracié n'avait pas effacé le remords qui souvent me harcelait. Qu'avais-je donné à ce fils ?

Dieu voulait-il me rappeler que je n'étais pas innocent, que roi de Germanie, d'Italie, d'Aquitaine, maître de tant de territoires, je n'en restais pas moins marqué par le péché originel et que je devais expier cette faute ?

Et parce que j'étais roi, mes peuples devaient aussi être châtiés.

Je ne fus donc pas surpris quand, en l'an 793, des pluies torrentielles noyèrent les récoltes.

Il n'y eut pas de moisson. La famine transforma les hommes : les uns déterraient pour les dévorer les cadavres qu'on venait d'ensevelir. Les autres égorgeaient les voyageurs, afin de se nourrir de leur chair. Et des mères firent de même avec leur enfant !

J'étais en Bavière quand les courriers me rapportèrent ces événements.

Je donnai l'ordre qu'on distribuât une partie des réserves de mes résidences aux affamés, et j'exigeai que les abbayes et les couvents distribuent les vivres dont ils disposaient.

Regagnant Aix, je traversai les villes abandonnées où rôdaient des loups faméliques et enragés.

Devant les huttes aux toits effondrés, des squelettes s'amoncelaient.

Le châtiment de Dieu était sévère, et j'avais imploré son pardon.

22.

J'ai, comme si j'avais voulu fuir le désarroi qui m'habitait depuis que Notre-Seigneur avait laissé frapper mon royaume et mes peuples, chevauché, entouré d'une petite escorte, de l'une de mes résidences à l'autre.

Je ne voulais pas qu'un seul de mes sujets puisse percevoir que je m'interrogeais sur les intentions de Notre-Seigneur.

Je me tenais droit sur ma monture qu'il me fallait encourager, de la voix et du talon, parce qu'elle se cabrait devant ces étendues d'eau noire, ces marécages, ces fleuves en crue charriant des cadavres d'hommes, de femmes et d'animaux.

Les loups en meute nous défiaient.

Des fermiers, des paysans, des serfs et des hommes libres me suppliaient de les protéger. Ce n'était ni la fièvre, ni la faim ou le froid qui les faisaient trembler. Ils ne priaient pas Notre-Seigneur. Ils ne s'adressaient pas aux prêtres qui m'accompagnaient. Ils parlaient confusément d'une comète, du soleil qui avait disparu et qu'ils avaient supplié de reparaître en invoquant des dieux oubliés, ceux des païens.

Car je découvrais que mes peuples baptisés continuaient de craindre et d'adorer leurs idoles. Et face à ces hommes et ces femmes qui entraient en transe, hurlaient, récitaient des mots incompréhensibles, s'agenouillaient devant des arbres, je ne savais que dire, et les prêtres se contentaient d'ordonner qu'on priât afin de chasser les démons.

Je tournai bride. Je rentrai à Aix.

Le châtiment de Dieu, j'en avais découvert le sens.

Les prêtres ne devaient pas se contenter du baptême. Ils devaient apprendre, pour pouvoir enseigner à mes peuples la foi, les règles de la Sainte Église.

Alors mes peuples baptisés composeraient vraiment le *Populus Christianus.*

Je devais trouver des hommes qui eussent la volonté et le pouvoir d'apprendre et le désir d'instruire les autres. Et ainsi je créerais une nouvelle Athènes, l'Athènes du Christ vouée à la connaissance de Dieu.

Avec l'aide d'Alcuin, mon savant maître, j'écrivis à l'abbé Baugolf qui régnait sur l'abbaye de Fulda :

« Sache qu'en ces dernières années, comme on nous écrivait de plusieurs monastères pour nous faire savoir que les frères priaient pour nous, nous nous sommes aperçus que, dans la plupart de ces écrits, les sentiments étaient bons et le discours inculte ; car ce qu'une pieuse dévotion dictait fidèlement au-dedans, une langue malhabile était incapable de l'exprimer correctement au-dehors, à cause de l'insuffisance des études.

« Alors nous avons commencé à craindre que, la science d'écrire étant faible, l'intelligence des Saintes Écritures ne fût moindre qu'elle devait être ; et nous savons tous que, si les erreurs de mots sont dangereuses, les erreurs de sens le sont beaucoup plus. C'est pourquoi nous vous exhortons non seulement à ne pas négliger l'étude des lettres, mais à les cultiver avec une humilité agréable à Dieu, afin que vous puissiez pénétrer plus facilement et plus justement les mystères des Écritures divines. Comme il y a dans les livres sacrés des figures, des tropes[1], et autres choses semblables, il n'est pas douteux que chacun, en les lisant, n'en pénètre d'autant plus vite le sens spirituel qu'il aura reçu auparavant une instruction littéraire complète... N'oublie pas de communiquer des exemplaires de cette lettre à tous ceux qui sont évêques avec toi et à tous les monastères, si tu veux jouir de notre grâce. »

---

1. Emploi d'un mot ou d'une expression dans un sens figuré.

23.

Ma grâce, j'en ai fait jouir ces maîtres italiens, historiens, grammairiens, poètes, dont les noms me reviennent. Lorsque je les nomme – Pierre de Pise, Paul Diacre, Paulin, tant d'autres –, j'ai l'impression qu'ils vont surgir devant moi et me dispenser leurs leçons, comme ils l'ont fait des années durant.

Je leur ai donné or et abbayes.

Ils sont morts et j'attends l'instant où nous nous retrouverons dans la lumière éblouissante de Notre-Seigneur.

Mais, s'il était dans mon pouvoir, c'est à mon savant maître Alcuin que j'accorderais toute ma grâce.

Il était né dans l'île de Bretagne, Saxon d'origine, mon aîné de sept années. Je le révérai comme un frère.

Je l'avais connu en Italie, lors de mes guerres, et en 782 – j'avais déjà quarante ans ! – il accepta, comme je le lui demandai, de me rejoindre avec ses élèves. Je découvris l'immensité de son savoir, qu'il avait reçu de ses maîtres de l'école d'York. Rien ne lui était étranger, ni l'histoire de l'empire de Rome, ni celles de Grèce et d'Orient.

Jour après jour, il m'enseignait les sept degrés des connaissances, la philosophie, la grammaire, la rhétorique et la dialectique, l'arithmétique, la géométrie, la musique et l'astronomie. J'étais son élève et je voulus qu'il fût aussi le maître de mes fils et de mes petits-fils.

J'ai l'impression, quand je me remémore ses leçons, d'entendre sa voix :
— Qu'est-ce que l'écriture ? demande mon fils Louis.
— La gardienne de l'histoire, répond Alcuin.
— Qu'est-ce que la parole ?
— La trahison de la pensée.
— Qui entendra la parole ?
— La langue.
— Qu'est-ce que la langue ?
— Le fléau de l'air.
— Qu'est-ce que l'air ?
— Le gardien de la vie.
— Qu'est-ce que la vie ?
— La joie des heureux, la douleur des malheureux, l'attente de la mort.
— Qu'est-ce que l'homme ?
— L'esclave de la mort, l'hôte d'un lieu, un voyageur qui passe.

Il me nommait David, et lui-même, durant les leçons, avait choisi d'être appelé Horatius Flaccus.

EMPEREUR CHRÉTIEN

L'écouter, ce n'était pas seulement entrer dans le grand palais des connaissances, devenir membre de l'Académie palatine, c'était aussi bénéficier de ses conseils pour le gouvernement du royaume, les traités de paix avec les peuples étrangers et la conduite des guerres.

Il m'écrivait de longues lettres, puisque affaibli, il s'était retiré à Tours comme abbé de Saint-Martin.

C'est avec émotion que je le lisais.

Il adressait ses lettres au « roi David ». « C'est précisément sous ce nom, écrivait-il, animé de la même vertu et de la même foi, que règne aujourd'hui Karolus Magnus, notre chef et notre guide. Un chef à l'ombre duquel le peuple chrétien repose dans la paix et qui de toutes parts inspire la terreur aux nations païennes, un guide dont la dévotion, avec une fermeté évangélique, ne cesse de fortifier la foi catholique contre les partisans de l'hérésie. »

Être nommé David par Alcuin me donnait un sentiment de force. J'étais le chef du peuple élu, j'étais inspiré par Dieu. Alcuin me convainquait que plus que l'empereur de Byzance, j'étais celui qui devait guider la communauté des croyants.

Mais Alcuin est mort en l'an 804, et je mesure à chaque moment de ce qui me reste de vie combien me manquent ses conseils. Ils ont été la semence qui m'a conduit à créer l'Académie palatine et, auprès des monastères, des abbayes, des églises et dans les évêchés, des écoles pour répandre l'instruction et imprégner le peuple de notre foi.

J'ai d'ailleurs, en 789, rappelé mes ordres dans un capitulaire :

« Que les ministres de Dieu attirent auprès d'eux non seulement les jeunes gens de condition servile, mais les fils d'hommes libres. Qu'il y ait des écoles de lecture pour les enfants. Que les psaumes, les notes, le chant, le calcul et la grammaire soient enseignés dans tous les monastères et tous les évêchés. »

J'ai été aidé, accompagné dans la réalisation de mes desseins par l'évêque d'Orléans, Théodulfe, qui exigea de ses prêtres qu'ils lisent assidûment et prêchent au peuple sans relâche.

L'évêque Théodulfe créa des écoles paroissiales, qui devaient accueillir tous les enfants. Et pour compléter l'instruction de ce premier degré, il en établit d'autres supérieures, dans son évêché.

J'incitai mes *missi dominici* à l'imiter.

Ce soir, après avoir confié ce passé si vivant en moi à Éginhard, je lui ai demandé de noter que j'exigeai qu'après ma mort, ma bibliothèque fût vendue au profit des pauvres.

Les livres, les manuscrits allaient être ainsi semés, au gré de leur vente, dans les abbayes et les monastères et leurs écoles.

L'argent récolté irait nourrir les plus démunis, en rappelant ainsi à tous les croyants que la charité est une des preuves et des vertus de la foi vivante.

24.

Alcuin, que je nommais « mon maître véritable, mon très cher maître », m'enseignait chaque jour – et ce durant treize années – comment on acquiert la foi vivante, celle que les peuples païens attendent. Celle que Notre-Seigneur veut voir rayonner sur la Terre.

Et nous marchions côte à côte dans cette galerie couverte que j'avais fait construire à grands frais, et qui nous permettait de gagner, depuis mon palais d'Aix, la chapelle où nous allions lui et moi prier, demander à Dieu d'inspirer nos actes, de guider notre vie.

C'est en écoutant Alcuin, en priant avec lui, que je me convainquis que je devais bâtir la capitale de mon royaume à Aix, non loin du Rhin.

Là, en ce lieu, les Romains avaient construit des thermes, et moi qui aimais me baigner autant que chasser, il me sembla que Dieu m'avait ce jour-là offert ce que je désirais.

Je fis venir des artisans, des sculpteurs, des architectes. Je voulais que mon palais et la ville

– la capitale – fussent assez vastes pour pouvoir héberger toute ma cour et les assemblées de mon peuple.

Alcuin suivait comme moi l'avancement des travaux.

Avec les architectes, nous décidâmes d'élever une chapelle qui compterait seize côtés, et qui serait digne d'un empereur.

Alcuin avait prononcé ce mot, l'avait répété chaque jour. La foi vivante devait s'incarner dans la dignité impériale. Qui pouvait imaginer que l'impératrice Irène, qui régnait à Constantinople et venait de faire crever les yeux de son fils pour qu'il ne pût régner, représentait « la foi vivante » ?

Il faut, me disait Alcuin, que Karolus Magnus soit le successeur du premier empereur chrétien, Constantin. Et il faut que Karolus Magnus ait une capitale majestueuse, aussi attirante que l'ont été Rome, Constantinople, Ravenne !

Je demandai donc au pape de me faire parvenir des fûts de colonnes romaines, des bas-reliefs, des blocs de marbre. Je voulais des épousailles entre la pierre impériale de Marc Aurèle ou de Trajan et la terre d'Aix.

J'exigeai qu'on travaillât nuit et jour, et en même temps que la chapelle, les thermes furent terminés.

J'y ai plongé le premier. Ils étaient vastes comme le plus large des fleuves.

J'y nageais, je continuais à dialoguer avec Alcuin, qui me le rappela plus tard, quand, après avoir quitté Aix, il m'écrivait depuis l'abbaye de Saint-Martin de Tours où, à sa demande, je l'avais installé.

Quand je me baignais, la foule était nombreuse – mes fils, mes proches, les comtes, les ducs. Parfois, j'invitais mes gardes du corps à venir me rejoindre et il arriva qu'il y eût dans l'eau avec moi jusqu'à cent personnes et même davantage.

Ces thermes, mes appartements et ceux de ma famille, la salle de réception se trouvaient au centre du « palais » – je pourrais dire de la ville, ma capitale.

Une grande aile du bâtiment renfermait l'école, la bibliothèque, les archives, et réunissait la salle à la chapelle.

Entre cette aile et la chapelle se situait la grande galerie couverte où j'ai tant de fois devisé avec Alcuin.

Le jour de l'Ascension de l'an 813, la galerie s'effondra.

C'était l'un des signes qui m'annonçaient que j'étais appelé à comparaître bientôt devant Notre-Seigneur.

Mais je veux, je dois continuer ce récit, jusqu'à ce que mon souffle se tarisse.

Pour l'heure je pense au bonheur que j'éprouvais à vivre au sein de ma résidence, à revoir

« avec honneur et patience » ceux qui avaient sollicité une audience.

Mes sujets s'avançaient vers moi, souvent tremblants. On se prosternait, on me baisait les pieds. Des quémandeurs, des comtes ou des évêques influents se tenaient devant la porte de ma chambre. On me chuchotait un nom, on murmurait la distinction, la faveur qu'on espérait. J'étais le tout-puissant Karolus Magnus, le roi, et bientôt, cela se répétait, l'empereur.

Quand je convoquais une assemblée des Francs, je recevais assis sur mon trône dans la grande salle du palais, entouré du maître des huissiers et des gardes du corps.

Un lettré, après s'être prosterné, murmurait qu'il remerciait Dieu de lui avoir permis de contempler le visage de son roi, Karolus Magnus, « trois fois plus brillant que l'or, et son front digne du poids de la couronne impériale ».

25.

J'écoutais ces louanges, m'efforçant de paraître impassible alors qu'on répandait ces mots devant moi à pleines brassées : empereur, empire, couronne impériale, diadème.

Et les lettres que m'adressait Alcuin, qui depuis l'an 796 s'était retiré à l'abbaye de Saint-Martin de Tours, portaient les mêmes mots.

Alcuin répétait qu'il formait des vœux pour la santé du roi Karolus Magnus, « si nécessaire à tout l'empire des chrétiens ».

Il m'invitait à combattre l'hérésie, qui présentait Jésus-Christ comme le fils adoptif de Dieu !

« Avant que l'hérésie se répande plus encore à travers le monde de l'Empire chrétien que la piété divine t'a remis ainsi qu'à tes fils pour le régir et le gouverner, lève-toi, homme choisi par Dieu ; lève-toi, fils de Dieu, soldat du Christ... »

Je relisais les lettres d'Alcuin, mais je ne voulais pas me laisser entraîner par sa volonté de faire de moi l'empereur des Romains.

Je partageais ce désir, mais régner sans partage depuis l'an 771 – à la mort de mon frère Carloman – m'avait enseigné la prudence. Et les guerres m'avaient appris la patience !

Les événements qui se succédaient me confortaient dans cette résolution : observer, patienter, n'agir qu'à partie gagnée.

Le pape Adrien était mort en décembre 795 et le pontife qui lui avait succédé, Léon III, était accusé à Rome de tous les vices et de toutes les turpitudes.

Il m'accablait de serments d'allégeance et Alcuin le soutenait.

À Constantinople, Irène, cette mère qui avait crevé les yeux de son fils, l'empereur Constantin VI, pour régner seule, dépêchait à ma résidence de Paderborn des envoyés qui me proposaient d'épouser cette mère « aveuglante » !

Elle se présenta elle-même, à Paderborn, et les yeux mi-clos j'observais son visage où chaque ride paraissait être la cicatrice d'un coup de poignard.

Puis l'impératrice Irène repartit.

Il fallait attendre encore.

Un courrier, au début du mois de mai 799, me fit, haletant, le récit des événements qui s'étaient déroulés à Rome, le 25 avril, jour de la Saint-Marc.

Le pape Léon III était sorti de son palais pour se rendre, à cheval, à l'église Saint-Laurent où il devait conduire la procession. Un groupe d'hommes l'avait désarçonné, assailli, roué de coups, tentant de lui crever les yeux et de lui arracher la langue. Le peuple s'était enfui, épouvanté. On avait traîné Léon III à l'intérieur de l'église en continuant à le battre... Puis on l'avait enfermé dans l'une des cellules du couvent de Saint-Érasme.

Mais un miracle avait eu lieu : le pape avait recouvré l'usage de ses yeux et de sa langue. Et des fidèles l'avaient délivré.

J'ai lu la lettre que Léon III m'avait adressée, m'appelant à son secours. J'étais, disait-il, l'envoyé de Dieu. Ma mission était de sauver la Sainte Église et le successeur de saint Pierre.

Je l'avoue, j'ai hésité. J'ai douté de la sincérité de Léon III. Avait-il été miraculeusement sauvé par Notre-Seigneur ? Devais-je le soutenir ?

La lettre que m'a adressée Alcuin a beaucoup compté dans ma décision de défendre Léon III, et donc de m'ouvrir la voie qui conduisait au trône impérial. Protégé par moi, Karolus Magnus, le plus grand des rois, Léon III ne pouvait en effet que déposer la couronne d'empereur des Romains sur mon front.

Alcuin écrivait :

« Jusqu'à présent, trois personnes ont été au sommet de la hiérarchie dans le monde. Le représentant de la sublimité apostolique, vicaire du bienheureux Pierre, prince des apôtres, dont il occupe le siège ; ce qui est advenu au détenteur actuel de ce siège, votre bonté a pris soin de me le faire savoir. Vient ensuite le titulaire de la dignité impériale qui exerce la puissance séculière dans la seconde Rome ; de quelle façon impie le chef de cet empire a été déposé non par des étrangers, mais par les siens et ses concitoyens, la nouvelle s'en est partout répandue. Vient en troisième lieu la dignité royale que Notre-Seigneur Jésus-Christ vous a réservée pour que vous gouverniez le peuple chrétien. Elle l'emporte sur les deux autres dignités, les éclipse en sagesse et les surpasse. C'est maintenant sur vous seul que s'appuient les Églises du Christ, de vous seul qu'elles attendent le salut, de vous vengeur des crimes, guide de ceux qui errent, consolateur des affligés, soutien des bons. […] »

Au mois de juillet de l'an 799, j'ai accueilli au château de Paderborn Léon III.

J'étais allé à sa rencontre en compagnie de mon fils aîné Charles et je m'étais souvenu de la première mission – je n'avais qu'un peu plus de onze ans ! – que m'avait confiée mon père, le glorieux Pépin III le Bref : recevoir le pape Étienne II.

Maintenant, j'avais près de soixante ans et c'est moi qui décidais. J'avais voulu être entouré de tous ceux qui dans mon royaume, de la Germanie à l'Italie, représentaient la puissance et la notoriété. Il y avait là les évêques et les comtes, les ducs et les preux chevaliers. Ils composaient autour de moi une couronne prestigieuse.

Le souverain pontife s'était avancé vers moi et m'avait salué comme le phare et le sommet de l'Europe : le *Summus Rex*, le plus considérable des rois et la tête du monde, la *Caput Orbis*.

Mais le lendemain même, des courriers m'apportaient des lettres de Rome. Elles dénonçaient toutes Léon III, coupable de malversations, d'« actes criminels et scélérats », d'immoralité, d'adultère et de parjure. Tous le déclaraient indigne de sa fonction.

Pouvais-je m'appuyer sur un tel personnage ?

Alcuin, lui, m'assurait qu'il n'y avait dans ces accusations que calomnie, conjuration. Léon III, souverain pontife, écrivait Alcuin, « avait été élu par Dieu vicaire des apôtres, l'héritier des pères, le prince des Églises, celui que toutes devaient vénérer et nommer le confesseur du Christ ».

D'ailleurs Notre-Seigneur, en rendant à Léon III sa vision et sa parole, avait montré quel était son choix !

Les Romains étaient en fait les seuls coupables, assurait Alcuin. Karolus Magnus devait les punir, « corriger ce qui doit être redressé et conserver ce qu'il y a lieu de maintenir ».

Jamais je n'avais autant hésité, et pourtant j'étais sûr au fond de moi d'avoir déjà choisi de porter sur mon front la couronne impériale.

Au mois d'octobre 799, j'incitai Léon III à retourner à Rome et sans lui avoir rien promis, je l'assurai de mon soutien et de ma prochaine visite.

Cet hiver 799-800, je demeurai à Aix, chassant malgré la neige et le froid, nageant, poussé par la joie de tout mon corps, dans l'eau brûlante des thermes.

À l'automne de l'an 800, je réunis une assemblée générale à Mayence et annonçai ma décision de me rendre en Italie et à Rome. Alcuin m'écrivit, employant les mots qui annonçaient ma dignité impériale future.

« Au très grand et invincible triomphateur ainsi qu'au très clément recteur des royaumes, écrivait Alcuin.

« Puissent votre volonté et la puissance ordonnée par Dieu dont vous disposez défendre en tous lieux la foi catholique et apostolique, de même que vous travaillez à étendre vaillamment par les armes l'Empire chrétien, efforcez-vous de défendre, enseigner et propager la vérité de la foi apostolique... Daigne le Dieu tout-puissant augmenter et conserver la puissance de votre gloire royale pour l'exaltation et la défense de la Sainte Église, pour la paix de l'Empire chrétien et votre profit propre, seigneur très désiré et très aimé... »

Je me mis en route pour Rome.

Je retrouvai mon fils, Pépin, roi d'Italie, à Ravenne. Pépin marchait vers le sud afin de contraindre à l'obéissance la principauté de Bénévent.

Moi, le 23 novembre 800, j'arrivai au bourg de Nomentum, à douze milles de Rome. Léon III m'y accueillit avec solennité.

Le lendemain, à cheval, au milieu des acclamations de la foule, j'arrivai au parvis de Saint-Pierre.

J'étais serein, apaisé et joyeux. La réception l'annonçait : j'étais reçu comme l'empereur romain, l'empereur chrétien.

Le 23 décembre 800, j'invitai Léon III, devant les évêques et moi, à prêter serment sur les quatre Évangiles, et à se purger ainsi des crimes qui lui étaient imputés.

Le 25 décembre à Saint-Pierre, le peuple était rassemblé pour la célébration de la messe de Noël. J'avais pris place devant l'autel, et je priais, tête baissée, le buste penché en avant. Je devinai que Léon III s'approchait, mais avant que j'aie pu me redresser, il posa la couronne impériale sur ma tête.

Les assistants crièrent :

« À Charles, auguste, couronné par Dieu, grand et pacifique empereur des Romains, vie et victoire ! »

Les acclamations se répétèrent trois fois.

Je n'ai pas aimé que le pape me couronne ainsi, s'appropriant le pouvoir de décider avec ses évêques, ses Romains, de me sacrer empereur.

Si j'avais connu le dessein du souverain pontife, je ne serais pas entré dans l'église ce jour-là, bien que ce fût la fête principale de l'année !

26.

Ma colère contre les médiocres habiletés de Léon III dura peu. Il avait posé la couronne impériale sur mon front, mais à qui pouvait-il faire croire que je m'inclinerais devant lui ?

Il s'était, à la manière romaine, prosterné à mes pieds, la face contre terre. Il dépendait de moi.

Je portais le glaive, le javelot, l'armure et le bouclier. Que pouvait-il contre moi, alors que j'étais le roi et l'empereur, maître de la plus puissante des armées et du royaume le plus riche ?

Mon fils Pépin régnait en Italie.

Mon fils Louis en Aquitaine.

Mon fils Charles était auprès de moi, dans ma ville capitale d'Aix.

Je dictai à Angilbert, l'un de mes gendres, ce qu'il devait répéter au souverain pontife :

« Avertis-le soigneusement de toute la dignité qu'il doit observer dans sa conduite, rappelle-le principalement à l'observation des sacrés canons et au sage gouvernement de la Sainte Église...

Insinue-lui souvent combien l'honneur dont il jouit est passager et de combien est de longue durée la récompense promise à celui qui agira bien dans ce haut rang.

« Exhorte-le avec soin à détruire la simonie qui infecte en plusieurs lieux le corps de l'Église et tous autres abus [...]. »

Je décidai de passer l'hiver à Rome, afin de faire savoir à tous les princes de la Sainte Église que j'étais l'empereur, résolu à exercer d'une main ferme mon autorité.

Je déclarai coupables ceux qui avaient participé à la conjuration contre Léon III. Pour moi, ces hommes devaient mourir, pourtant j'accédai à la demande de grâce présentée par le pape, et la peine capitale fut commuée en exil. J'avais appris en gouvernant qu'il faut savoir retenir la hache ! Mais je fis remettre à Léon III une lettre qui ne laissait aucun doute sur mes intentions :

« De même que j'ai contracté avec votre prédécesseur – le vénéré Adrien – un lien sacré de paternité, ainsi je désire former avec votre béatitude le même lien de foi et de charité inviolable : afin qu'avec la grâce de Dieu et par les prières des saints, je jouisse partout des effets de la bénédiction apostolique et que je puisse défendre à jamais le Saint-Siège de l'Église romaine.

« Car c'est à moi, par le secours de la divine piété, qu'il appartient de protéger au-dehors l'Église de Jésus-Christ contre les attaques des païens et les ravages des infidèles ; de la fortifier au-dedans, en faisant reconnaître partout la foi catholique.

« Et c'est à vous, Très Saint-Père, d'aider aux efforts de nos armées, en élevant les mains vers Dieu comme Moïse ; afin que par votre intercession et par la grâce de Dieu, le peuple chrétien remporte toujours la victoire sur les ennemis de son saint nom et que le nom de Notre-Seigneur Jésus-Christ soit glorifié dans tout l'univers.

« Mais que votre prudence s'attache à suivre les canons : que des exemples de sainteté éclatent dans votre conduite, que de saintes exhortations sortent de votre bouche.

« Ainsi votre lumière brillera devant les hommes de telle sorte qu'en voyant vos bonnes œuvres, ils glorifieront le Père céleste... »

Je voulus que tous les dignitaires de l'Église encore rassemblés à Rome prissent connaissance de mes instructions.

J'en confiai une copie à deux moines palestiniens qui m'apportaient la bénédiction du patriarche de Jérusalem et les clés du Saint-Sépulcre.

Je mesurai, à cette occasion, que ma parole atteignait la terre de Jésus-Christ et j'assurai les représentants du patriarche que ma protection royale et impériale s'étendait aux lieux saints.

J'étais l'empereur, romain et chrétien.

27.

Je quittai Rome au mois d'avril de l'an 801, après Pâques. Mon royaume franc me manquait. J'étais de ce peuple.

J'aimais les rudesses et les sonorités de la langue franque.
J'avais hâte de retrouver mes filles, mes fils, mes descendants, mes proches conseillers.
J'aimais être parmi les miens dans mon palais et ma ville d'Aix.

La pompe pontificale me lassait. Ce souverain pontife, ces archevêques et ces évêques qui se prosternaient, face contre terre, pour m'« adorer », me gênaient.
Je n'étais pas Dieu, je refusais de devenir une idole et de laisser mon peuple s'engager dans cette voie.
Je n'avais pas renoncé, en accédant à la dignité impériale, aux humbles vêtements que portaient aussi mes sujets. Je n'en changeais que lorsque je recevais un ambassadeur et un hôte de marque.

Mais j'avais hâte de me dévêtir, de me mêler à mes gardes du corps dans les eaux brûlantes des thermes.

Et puis il y avait la chasse...

Mes filles et mes proches, mon épouse participaient dans leurs plus beaux atours à ces chevauchées dans les forêts qui entouraient Aix.

Je commandais comme à la guerre.

Une petite armée de rabatteurs, de veneurs débusquait les vieux et tenaces grands cerfs. Les veneurs les contraignaient peu à peu à se diriger vers un espace déboisé, clôturé par des cordes tendues entre les arbres.

Les plus forts des cerfs, les plus audacieux réussissaient à franchir ces cordages et souvent d'un cri déjà lointain ils nous défiaient avant de gagner le cœur sombre des forêts.

Les autres mouraient, et j'offrais un grand banquet de viande rôtie.

Me souvenant de ces chasses, j'avais le cœur étreint.

Je pensais à Fastrade, ma troisième épouse, morte.

Quoi qu'on ait dit d'elle, de sa perversité, de son penchant à nouer des intrigues et à exiger de moi que je punisse ceux de mes proches qu'elle avait poussés à conspirer contre moi, j'éprouvais de la tristesse.

J'avais, pour la satisfaire, été contraint à condamner mon premier fils, Pépin le Bossu, à vivre enfermé dans un monastère.

Était-il vraiment coupable d'avoir voulu mon assassinat ? Je ne peux répondre à cette question qui me taraude au long des nuits d'insomnie.

Et la peine m'envahit quand le nom de Liutgarde surgit de ma mémoire.
Elle a été ma quatrième épouse, succédant donc à Fastrade. Mais elle était son contraire.
Je la revois entourée de lettrés, de comtes et de ducs, les séduisant par son savoir, sa beauté, sa jeunesse.
Morte elle aussi et j'en souffre encore.

C'est aussi cette douleur qui m'a fait décider de quitter Rome, afin de regagner Aix, de retrouver les miens, les femmes robustes et vives du peuple franc.
J'ai besoin de la présence d'une femme à mes côtés. Son corps jeune m'apaise. Mais je ne songe plus à des épousailles.
J'ai été tenté de répondre à l'insistante sollicitation d'Irène de Constantinople, qui régnait après avoir crevé les yeux de son fils. Je l'ai dit déjà, mais j'y reviens car certains de mes conseillers souhaitaient que je l'épouse. N'était-ce pas le moyen de réunir l'Empire d'Orient, Byzance, et l'Empire d'Occident ?
Dieu m'a évité de succomber à cette tentation. J'ai prié et il m'a éclairé. Être l'époux d'Irène de Constantinople, c'était faire de cette union un champ de bataille. Et je désirais que l'intimité de ma vie soit marquée par la paix.

Irène a été chassée de son trône et elle est morte peu après.

En arrivant à Aix, j'ai éprouvé un moment intense de sérénité. J'étais enfin de retour parmi les miens. J'ai proclamé que je voulais « que règnent la paix, la concorde et l'unanimité dans le peuple chrétien, car nous avons tous un père dans les cieux, une mère qui est l'Église, une même foi, un seul baptême ».

J'ai voulu que cette déclaration adressée à tous mes peuples soit suivie de mon nouveau titre : « Charles, sérénissime auguste, couronné par Dieu, grand et pacifique empereur, gouvernant l'Empire romain et, par la miséricorde de Dieu, roi des Francs et des Lombards ».

J'ai décidé que soient frappés de nouveaux deniers. Sur une face, je suis représenté de profil, mon front ceint de lauriers. L'inscription « *Karolus Imperator* » entoure mon profil. Sur l'autre face de la pièce, une église surmontée d'une croix est gravée et on peut lire « *Christiana Religio* ».

Ma vie était droite.
Merci Seigneur.

28.

Je le sais aujourd'hui, les mois qui suivirent mon accession à la dignité d'empereur romain et chrétien furent parmi les plus heureux de ma vie.

J'approchais de ma soixantième année, et rien encore dans mon corps ne m'avertissait de la rapidité du temps qui passe, et donc de la brièveté de la vie et de sa vulnérabilité.

Je supportais les interminables nuits d'insomnie, la fièvre qui parfois me terrassait, le souffle qui me manquait quand je galopais derrière un cerf. Et la fatigue qui s'abattait sur moi.

Mais j'avais négocié avec ces faiblesses. Je chassais la fièvre en jeûnant parfois quelques jours. Insomniaque, je dormais à la suite du repas de la mi-journée, et j'étais dispos après ces deux heures de sommeil.

Mes conseillers, Alcuin d'abord, se préparaient à subir mes emportements.

Je vantais les pères de l'Église pour engager mes conseillers à plus de rigueur et d'ardeur.

« Que n'ai-je onze clercs aussi instruits et aussi profondément versés dans toutes les sciences que Jérôme et Augustin. »

J'exigeai qu'on me lise *La Cité de Dieu* d'Augustin, qu'on apprenne à écrire à tous les prêtres, j'imposai le choix d'une graphie minuscule – la caroline – et exhortai les évêques à se montrer sévères.

Alcuin me tenait tête :

— Le créateur du Ciel et de la Terre, répondait-il, n'a pas fait d'autres hommes semblables à ces deux-là, et vous voulez en voir une douzaine !

J'insistais. Je savais pouvoir m'appuyer sur Alcuin. J'exigeai que chaque candidat à l'ordination soit capable de répondre à la question :

« Pourquoi veux-tu être ordonné prêtre ? »

« Pour annoncer la parole de Dieu, donner le baptême et effacer les péchés par la pénitence. »

L'une des dernières lettres que m'écrivit Alcuin depuis l'abbaye de Tours me parvint en l'an 804, quelques semaines avant sa mort qui fut pour moi une blessure profonde.

« Toute la Sainte Église, écrivait Alcuin, devra être unanime pour rendre grâce au Tout-Puissant qui en ces temps périlleux a donné au peuple pour le gouverner et le défendre un prince aussi pieux, aussi sage et aussi juste qui travaille de toutes ses forces à conjurer les mauvaises doctrines et se réjouit de répandre le nom du Seigneur Dieu à travers d'immenses territoires, s'efforce d'allumer la lumière de la foi catholique jusqu'aux extrémités de la Terre. »

EMPEREUR CHRÉTIEN

J'étais sûr qu'il fallait pour que ce but soit atteint que l'ordre et la paix règnent dans mon empire. Seulement à cette condition, la foi de la Sainte Église catholique s'étendrait jusqu'aux « extrémités de la Terre ».

J'interdis ainsi le port des boucliers, lances et cuirasses à l'intérieur des frontières. Et en l'an 802, Alcuin, sous ma direction, rédigea des capitulaires destinés à mes *missi dominici* – *Capitulare missorum generale.*

« Aimez Dieu de tout votre cœur. Aimez votre prochain comme vous-mêmes, faites l'aumône aux pauvres selon vos moyens. Recevez les voyageurs dans vos maisons, visitez les malades, ayez pitié des prisonniers. Remettez-vous vos dettes les uns les autres, comme vous voulez que Dieu vous remette vos péchés. Rachetez les captifs chrétiens vendus comme esclaves aux infidèles. Donnez aide aux opprimés, défendez les veuves et les orphelins. »

Je m'adressais aux puissants dont je connaissais l'avidité. Je ne voulais pas que ceux qui me servaient soient des rapaces.

« Que les ducs, comtes et autres fonctionnaires publics rendent la justice au peuple et soient miséricordieux envers les pauvres. Que l'argent ne les détourne pas de l'équité... Que personne ne consente à quelque chose d'injuste, mais que tous soient préparés à accomplir la justice avec ardeur et volonté. »

Je savais combien il est difficile de faire régner la justice ! Près de quarante années de règne, de guerres m'avaient ouvert les yeux sur les penchants humains. Mais je ne voulais pas renoncer à mes devoirs.

En l'an 802, j'exigeai aussi que les *missi dominici* fassent prêter serment envers moi, désormais empereur, à tous les hommes libres.

Chaque homme libre devrait être fidèle à l'empereur mais, je le répétais, chaque homme libre était au service de Dieu, et agissait pour le triomphe de la charité et de l'équité.

Je le reconnaissais, l'empereur ne peut en personne donner tous les soins nécessaires.

29.

En personne, j'ai veillé sur mes filles.
Leurs rires, leur coquetterie, leurs chants et leurs danses, mais aussi leur présence lors de mes chasses me comblaient et je n'ai jamais accepté de me séparer d'elles.
Plutôt que de les imaginer mariées, fût-ce à l'empereur de Constantinople – Constantin VI, que sa mère aveugla –, et lointaines, je tolérai qu'elles deviennent les maîtresses de tels ou tels de mes comtes ou de mes lettrés.

Elles étaient brillantes comme des pierres précieuses sur ma couronne impériale.
Rotrude, Berthe et Gisèle étaient les filles de la reine Hildegarde, Théodrade et Hiltrude avaient pour mère Fastrade. Rotilde était fille de l'une de mes concubines. Pour moi, quelle que soit leur mère – reine ou concubine –, elles étaient mes filles, assises à ma table, et leur présence au milieu de lettrés, de poètes m'enchantait.

J'ai cédé souvent à leurs inclinations !

Elles voulaient que la vie à Aix soit une fête : elles acclamaient les dompteurs et les bouffons. Elles désiraient être surprises : l'éléphant Abul-Abbas qu'Hâroun ar-Rachîd, calife de Bagdad, prince des croyants, l'empereur musulman, m'offrit fit leur joie.

Mais Alcuin, citant saint Augustin, craignait la dissipation. Augustin n'avait-il pas écrit : « L'homme qui introduit chez lui des histrions, des mimes et des danseurs ne sait pas quelle multitude de démons abominables entre avec eux. »

Je me rangeais à l'avis d'Alcuin et de saint Augustin ! Mais je laissais faire. La joie de mes filles, l'ardeur de leur jeunesse l'emportèrent.

Je ne le regrette pas.

Les années ont passé, je suis au bord de ce fleuve qui, selon les Grecs, sépare les vivants des morts.

Je vois la rive funèbre et infernale, et la seule grande joie qui m'est encore donnée, alors que la vie se retire de mon corps, est le souvenir du rire de mes filles.

Qu'elles soient auprès de moi, à l'heure de ma mort, est la prière que j'adresse à Notre-Seigneur.

Je le sers. J'agis pour le bien et la grandeur de la Sainte Église.

En octobre de l'an 802, après avoir écouté Alcuin, que j'avais interrogé longuement, j'ai réuni à Aix une assemblée de représentants de tous les membres du clergé.

Alcuin – et ce fut son dernier séjour à Aix – avait fait le voyage depuis Tours. Il n'était que l'ombre courbée et amaigrie de lui-même, mais sa voix était ferme, brûlant de la même ferveur que celle qui m'avait séduit autrefois. Lui aussi était sur la rive du fleuve noir et tempétueux que tous les humains doivent traverser.

Pour échapper à cette pensée, j'ai dirigé avec vigueur cette assemblée. J'ai donné l'ordre à tout le clergé que chacun vive à sa place selon les constitutions des saints Pères de l'Église et que dans les monastères on respecte la règle de saint Benoît.

J'ai éprouvé, à organiser, à dicter et à diriger, la satisfaction qui m'avait été donnée aux moments de commander à mes armées, de mener la guerre.

Et c'était une sorte de guerre que j'avais le sentiment de conduire.

Je fis créer des écoles où l'on enseignait une grammaire francique. Je fis rassembler les poèmes qui exaltaient les guerres et les exploits des anciens rois francs. J'éprouvais, à faire revivre la langue de mes origines, une émotion intense, comme si, faisant renaître ma langue maternelle, ma mère, la noble reine Bertrade, ressuscitait, présente à chaque instant dans ma mémoire.

J'ordonnai que tous les mois soient nommés dans ma propre langue, tandis que jusqu'alors on désignait les uns par leur nom latin, les autres par leur nom barbare. Et je fis de même pour chacun des douze vents, dont quatre seulement pouvaient être désignés dans ma langue.

Lorsque j'ai commencé à réciter ces noms, j'ai constaté la surprise admirative d'Éginhard. J'ai répété chaque mot, détachant les syllabes.

  Janvier : wintarmanoth
  Février : hornung
  Mars : lentzinmanoth
  Avril : ostarmanoth
  Mai : wonnemanoth
  Juin : brachmanoth
  Juillet : heuvimanoth
  Août : aranmanoth
  Septembre : witumanoth
  Octobre : windumemanoth
  Novembre : herbistmanoth
  Décembre : heilaganoth

Et il y avait les vents ostroniwint, sundwestroni...

Je découvris, ces nuits-là, tenaillé par l'insomnie, combien il me restait de réformes, de travaux à entreprendre pour que l'Empire chrétien fût pour les peuples païens un modèle à admirer et qu'ils n'aient de cesse qu'ils n'en fussent devenus les sujets baptisés.

Et ce but ne pouvait être atteint que si les hauts dignitaires de l'Église avaient une vie exemplaire.

Je connaissais l'avidité et les frasques de nombre d'entre eux ! Leur égoïsme, la manière dont ils dépouillaient les paysans, exigeant de ces pauvres qu'ils se plient aux corvées et livrent une partie de leurs maigres récoltes.

Je les interpellai en l'an 811 :

« Que les évêques et les abbés nous fassent connaître ce que signifie chez eux "dire adieu au siècle". Ce renoncement consisterait-il seulement à ne point porter des armes et à n'être point marié publiquement ? »

Je n'avais pu consulter Alcuin, mort en l'an 804, mais je ne doutais pas de son approbation, si Dieu lui avait prêté vie ! J'ai donc fait écrire par l'un de mes lettrés :

« Cet évêque ou cet abbé a-t-il dit adieu au siècle, lui qui ne cesse d'augmenter chaque jour ses possessions par tous les moyens et par toutes sortes d'artifices, en promettant le royaume du ciel et en menaçant de supplices éternels, dépouillant de leur bien, au nom de Dieu ou de quelque saint, les riches et les pauvres, déshéritant ainsi les héritiers légitimes et les poussant à des crimes et à des actions honteuses par l'effet de l'indigence à laquelle ils se trouvent réduits ? »

La justice, l'équité, la propriété, la charité : j'ai voulu que ces mots fassent battre le cœur de chaque chrétien, et d'abord des intendants des grands domaines.

Dans le *Capitulare de villis* qu'en l'an 800 j'avais fait rédiger, je disais :

1. Nous voulons que nos terres, dont nous avons affecté les revenus à notre profit, servent intégralement à notre usage, et non à celui d'autrui.

2. Qu'on ait bien soin de tous ceux qui nous appartiennent et qu'ils ne soient réduits à la pauvreté par personne.

3. Que nos intendants se gardent de les mettre à leur service et de les forcer de faire pour eux des labours par corvées, des coupes de bois, ou toute autre espèce de travail.

4. Si nos hommes nous ont fait tort par des vols ou par d'autres fautes, qu'ils réparent entièrement le dommage et que, pour le reste de la satisfaction légale, ils subissent la peine du fouet. […]

11. Que nul intendant ne prenne pour son profit, ni même pour ses chiens, de gîte chez nos hommes ni chez les étrangers. […]

62. Que nos intendants nous adressent tous les ans à Noël sur des états séparés des comptes clairs et méthodiques de tous nos revenus. […]

70. Nous voulons qu'ils aient dans les jardins des plantes de toutes espèces, à savoir […].

Et j'ai fait énumérer les soixante-quatre espèces de fleurs, de plantes potagères et de légumes…

EMPEREUR CHRÉTIEN

Notre-Seigneur, quand il soupèsera ma vie, dira si l'Empire tel que je vais le léguer à mes fils était un Empire chrétien comme j'ai essayé qu'il fût.

Il sait que j'ai voulu suivre les préceptes de la Sainte Église.

J'ai fait écrire :

« Celui-là fait un lucre honteux qui, au temps de la moisson ou des vendanges et sans nécessité, poussé seulement par la cupidité, achète des grains ou du vin à deux deniers le muid et les conserve jusqu'à ce qu'il puisse les vendre quatre ou six deniers, ou plus encore. »

30.

J'ai demandé à Éginhard de relire la dernière phrase que j'ai prononcée et qu'il avait notée. En l'écoutant, j'ai eu la tentation de lui demander de la rayer.

Qui, parmi ceux qui vivent autour de moi dans mon palais d'Aix, renoncerait à un « lucre honteux » et ne se laisserait pas emporter par la cupidité ?

Et moi-même, ne suis-je pas le plus grand propriétaire de l'Empire ?

C'est le juste reflet de ce que Dieu a voulu que je sois : son intermédiaire entre les peuples et lui, entre l'homme et le divin.

Ne m'a-t-il pas donné mission de répandre la foi chrétienne, et n'est-ce pas pour cela qu'empereur des chrétiens, j'ai mené depuis mon accession au trône royal en 768-771 des guerres pour conquérir des terres païennes et convertir les peuples qui les occupaient ?

J'ai dû agir avec violence, j'ai dû chasser des peuples de leurs terres et m'emparer de leur trésor.

Mais je suis fier de la tâche accomplie.

J'ai exigé des pauvres qu'ils rejoignent l'ost, mon armée. J'ai édicté que le pauvre[1], dès lors qu'il est un homme libre qui possède quatre manses[2] en propre ou en bénéfice de quelqu'un, s'équipe lui-même et aille à l'ost soit avec son seigneur, si son seigneur y va, soit avec le comte.

Mais il a fallu que ces hommes libres accomplissent leur devoir. Or, ils tentaient d'échapper à l'ost, en prétendant se vouer au service de Dieu, évitant ainsi l'ost ou tout autre service royal.

Je me suis élevé contre les pratiques des puissants.

Les plaintes et les colères des pauvres sont venues jusqu'à moi. Ces pauvres disaient que si l'un d'entre eux ne voulait pas abandonner sa propriété à l'évêque, à l'abbé, au comte, ceux-ci cherchaient l'occasion de condamner cet homme libre et le forçaient à aller à l'ost jusqu'à ce que, réduit à la misère, bon gré mal gré, il abandonne ou vende son bien, et ceux qui avaient livré leur bien restaient très tranquilles à la maison.

J'ai entendu les plaintes des pauvres et leur clameur.

---
1. Le mot est employé pour les hommes libres pauvres. Les serfs sont en deçà de la pauvreté.
2. Tenure, propriété.

On m'a rapporté que mes envoyés, mes *missi dominici* auxquels j'avais accordé le droit de gîte, avaient été battus, volés.

On se plaignait aussi de la fréquence de la levée des troupes !

Et j'ai sévi, condamnant ceux qui abusaient des droits que je leur accordais, et puni ceux qui se dressaient contre ma volonté.

Ainsi j'ai réussi à vaincre les païens, à agrandir le royaume franc puis l'Empire chrétien, et à faire entrer dans notre foi des peuples qui jusque-là adoraient des idoles.

Alcuin, dans l'une de ses dernières lettres, écrit que la chapelle que j'ai bâtie à Aix peut être comparée au temple de Salomon, et qu'Aix est une nouvelle Jérusalem, « une Jérusalem dans notre patrie ».

31.

J'ai dû veiller chaque jour sur les frontières de « notre patrie » – c'était l'expression d'Alcuin –, notre Empire chrétien.

De nouveaux peuples apparaissaient, surgissant du brouillard des mers du Nord. Venus de Scandinavie, ces Normands ou Vikings débarquaient sur les îles si nombreuses autour de la Bretagne.
Dès 793, ils avaient incendié l'abbaye de Lindisfarne, massacré les moines. Ils multiplièrent leurs attaques, pillant les côtes d'Écosse, d'Irlande, d'Angleterre. Et, en 799, ils débarquèrent en Vendée.
Je donnais l'ordre de rassembler nos escadres à Boulogne et à Gand.

Mais il m'avait fallu aussi défendre contre les Maures ou Sarrasins les côtes méditerranéennes de l'Empire.
Les îles chrétiennes – la Corse, les Baléares – furent pillées, leurs habitants enlevés pour être vendus comme esclaves.

La guerre ne finirait donc jamais !

Je n'en étais pas accablé. Tel était le destin des empereurs : se battre pour défendre et agrandir leur empire.

Ce qui m'inquiétait, c'était la mort qui me serrait déjà la main et m'entraînait.

Que deviendrait l'Empire chrétien ?

J'avais trois fils héritiers légitimes, Pépin, Louis et Charles, et parce que je pensais que Dieu ne m'accorderait plus que quelques années de vie, en 806, j'organisais le partage de mon empire entre eux.

Mon premier fils, Pépin le Bossu, était exclu de l'héritage parce qu'il avait participé à une conjuration contre moi. Il vivait enfermé dans un monastère.

Il y avait aussi mes filles.

Et, depuis que mon mariage avec la « mère aveuglante » Irène n'avait pu se conclure, puisque Irène avait été chassée du pouvoir à Constantinople, j'avais renoncé à prendre une nouvelle épouse, et j'eus quatre concubines.

Madelgarde me donna une fille nommée Rotilde. La Saxonne Gervinde donna naissance à une autre fille nommée Adeltrude. Reine mit au monde deux garçons – Drogon et Hugues –, et Adelinde donna naissance à mon dernier fils, Thierry.

J'étais heureux et fier de ma descendance : au moins dix garçons et dix filles !

J'ai pensé à chacun d'eux lorsque, le 6 février 806, à Thionville, j'ai rassemblé les grands et partagé mes États entre mes trois fils.

Louis eut l'Aquitaine, la Gascogne, la Septimanie, la Provence et des villes et comtés de Bourgogne.
Pépin eut l'Italie, la Bavière et divers territoires.
Charles recevait le reste de l'Empire, la Francie, la Bourgogne – ce qu'il en restait –, la Neustrie, l'Austrasie, la Saxe.
Les grands à Thionville approuvèrent et le pape Léon III, auquel Éginhard apporta le document, signa le texte.
Tous les hommes libres de l'Empire renouvelèrent le serment de fidélité qui m'était dû.

J'étais rassuré.
Entre mes fils, j'avais tenté d'établir un équilibre de manière que règnent entre eux « la paix et la concorde ».
Je plaçais mes filles sous la protection de leurs frères. Elles pouvaient librement choisir entre la vie monastique et un mariage honorable.
J'interdis que l'on mît à mort, ou torturât ou tondît, sans jugement régulier, mes petits-fils nés ou à naître. Je voulais, je veux qu'ils soient honorés par leurs oncles à l'égal de leur père.
Et j'exigeai de mes fils qu'ils assurent la protection de l'Église de Notre-Seigneur.

32.

J'avais cru, avec le partage de Thionville, devancer l'avenir, mettre l'Empire chrétien à l'abri des rivalités et des conspirations, des haines et des lendemains noirs qui succèdent au rayonnement d'un empereur que la mort saisit, ses héritiers se disputant, loups affamés, les dépouilles du chef disparu.

Je ne voulais pas être un empereur au sombre destin posthume.

J'ai beaucoup pensé à mon père, le glorieux Pépin III le Bref, mort soudainement. J'ai aussi prié pour ma mère, la reine Bertrade, qui avait évité, empêché ces guerres de succession.

Et Alcuin m'avait raconté les luttes qui avaient déchiré les familles impériales au temps où Rome n'était pas un champ de ruines, mais l'Empire. Alcuin souvent terminait l'évocation du soutien de l'un des empereurs romains par ces mots demeurés gravés dans ma mémoire :

« Nous sommes dans la main de Dieu. Il choisit le moment de notre venue au monde et il nous donne rendez-vous avec la mort. »

Alcuin était mort en l'an 804, le 19 mai, à Tours. Et j'avais cru que la messagère porteuse de mort s'approchait de moi d'un pas rapide.

Puis les années avaient passé, et ce n'est qu'en l'an 810, après une chute de cheval, que je sus qu'elle était proche. Mon corps avait changé. Je boitais, traînant ma fatigue à la rencontre de la mort.

Mon corps avait été durement frappé. Je découvrais sa faiblesse.

Les os semblaient vouloir percer la peau.

La mort guettait, si proche. Et plus proche encore que je n'imaginais.

Je sais que me souvenir de ces années 809-811, c'est briser mes membres, crever mes yeux, arracher ma langue, souffrir comme je n'avais jamais imaginé que cela fût possible.

En 810, ma sœur Gisèle fut la première frappée. Morte. Et j'ai cru que l'on m'étouffait, qu'un sanglot de sang noir envahissait ma bouche.

Quelques semaines plus tard, l'aînée de mes filles, Rotrude, dont la vivacité, les rires, la beauté me faisaient oublier la menace que les Vikings représentaient, mourut.

Qui peut croire quand il souffre qu'il peut y avoir souffrance plus aiguë encore ?

Ma fille était morte le 6 juin de l'an 810, et un messager m'apprit d'une voix étouffée que mon fils roi d'Italie, Pépin, était mort à trente-trois ans le 8 juillet de l'an 810.

EMPEREUR CHRÉTIEN

J'ai cru que j'allais hurler, mais de ma bouche ouverte aucun son n'est issu. Je m'asphyxiais. Et j'ai serré mon cou à deux mains pour refouler ce cri et mourir plus vite. En vain.

Le 4 décembre 811, mon second fils, Charles, qui devait régner sur le royaume des Francs, mourait à trente-neuf ans.

Et mon premier fils, Pépin le Bossu, écarté de ma succession, mourut au monastère de Prüm où je l'avais relégué.

Je suis tombé à genoux, j'ai sangloté, me perdant dans les salles noyées par le noir de la nuit.

Seigneur, pourquoi cette avalanche ? Pourquoi mes fils, ma petite fille, ma sœur ?

Vous n'avez laissé autour de moi que le vide. Mais, Seigneur, que votre volonté soit faite sur la Terre comme au Ciel.

33.

Ces jours et ces nuits-là, quand la mort moissonnait autour de moi, j'ai eu la tentation de renoncer à régner sur les peuples que j'avais rassemblés dans l'Empire et dans la même foi chrétienne.

J'ai renvoyé Éginhard. Je me suis couché sur les dalles de la chapelle, les bras en croix. J'ai prié, mais ma bouche était sèche. Je ne comprenais pas ce que Dieu attendait de moi. Ne lui avais-je pas obéi ? Pourquoi me punissait-il, frappant mes deux fils que j'avais faits rois !

Seigneur, que ta volonté soit faite sur la Terre comme au Ciel, mais quelle est ta volonté ?

J'ai déchiré mon âme en répétant cette question. Puis j'ai rappelé Éginhard.

Je voulais aller jusqu'au bout de ma confession. Que mes descendants sachent que j'ai été, durant ces nuits, faible, incertain et que seule l'aube m'arrachait au désespoir.

Alors je m'avançais vers les comtes, les évêques, les puissants, les ambassadeurs. Je voulais leur montrer un visage impassible, même si j'avais l'impression que mon menton tremblait.

J'attendais avec impatience que la nuit tombe pour me dépouiller de mon armure d'empereur et ne plus être qu'un chrétien, suppliant le Seigneur de l'absoudre.

Éginhard notait sur sa tablette, et un matin je dis, sans avoir pensé à ces mots :

« Dieu veut que l'Empire chrétien ne se disloque pas. Mes fils morts, ces deux rois que j'avais faits, sont les pierres de fondation de cet Empire. Mon fils Louis, roi d'Aquitaine, sera mon seul héritier. À lui je léguerai la dignité impériale. »

C'était la volonté de Dieu. J'ai su aussitôt que je devais cesser de me déchirer. Le temps de ma mort viendrait vite, mais il me fallait agir.

Je devais d'abord rétablir la paix avec l'Empire byzantin. Et je fis parvenir aux ambassadeurs de Constantinople qui étaient en route pour Aix un message qui annonçait mes intentions.

« Nous bénissons Dieu et nous lui rendons grâce de tout cœur, parce qu'il a bien voulu la paix si longtemps cherchée et toujours désirée entre l'Empire d'Orient et l'Empire d'Occident. »

Les ambassadeurs byzantins, quand ils se présentèrent à moi dans la grande salle de réception de mon palais d'Aix, s'agenouillèrent et me saluèrent du titre de Basileus.

J'ai fermé les yeux. Pour la première fois depuis la mort de mes deux fils rois, j'étais apaisé.

EMPEREUR CHRÉTIEN

Basileus : c'était la renaissance et la reconnaissance d'un empereur d'Occident. Et j'étais cet empereur chrétien. Voilà ce que Dieu avait voulu, voilà pourquoi mes deux fils rois étaient morts.

Je n'avais qu'un seul héritier, mon fils Louis, roi survivant, et c'est à lui que je devais transmettre la dignité impériale !

Je devais, puisque la mort m'attendait et qu'elle s'impatientait, que Dieu l'exigeait, mettre en ordre l'Empire, pour qu'au lendemain de ma mort prochaine règnent entre les puissants et entre les peuples l'unanimité, la paix, la concorde.

Je décidai d'abord de rassembler mes trésors et d'en dresser l'inventaire ; puis d'en faire le partage. Je pus ainsi évaluer ce que mes guerres avaient apporté à l'Empire chrétien.

Je fis trois lots de l'or, des pierres précieuses, des ornements royaux.

Les deux premiers lots, je voulais qu'ils fussent attribués aux vingt et une cités métropolitaines de l'Empire et enfermés dans des coffres scellés.

Je me réservais le troisième lot, dont j'avais l'intention de faire usage jusqu'à ma mort, à chaque instant plus proche !

J'ai frôlé du bout de mes doigts cet or, ces armes, ces vêtements, ces objets de métal, ces peaux et ces deux tables d'argent sur lesquelles étaient gravés les plans de Rome et de Constantinople. Une troisième table en or figurait la carte du monde.

Ces tables étaient destinées à la basilique Saint-Pierre de Rome, à l'archevêché de Ravenne. Et celle sculptée dans un bloc d'or irait aux églises de l'Empire.

Je décidai que vingt-sept évêques parmi les plus renommés régleraient après ma mort le partage selon mes vœux.

Je me sentais pressé par le temps. Je voulais que l'Église soit elle aussi en ordre. Elle était la poutre maîtresse de l'Empire chrétien. Et je décidai qu'en l'an 813 se tiendraient cinq conciles provinciaux à Reims, Arles, Chalon, Tours, Mayence.

J'ai réuni, rassemblé les décisions prises. Et j'ai lu, comme si c'était déjà mon épitaphe, les premières lignes de ce capitulaire d'Aix-la-Chapelle.

« Charles, auguste et sérénissime empereur, couronné par Dieu, grand et pacifique, conjointement avec les évêques, les abbés, les comtes, les ducs et tous les fidèles de l'Église chrétienne, a établi, de leur avis et d'après leur consentement, ces capitulaires dans son palais, se conformant aux lois salique, romaine et gombette, afin que chacun agisse d'après ces ordres qu'il a signés de sa main et que chacun s'empresse de les mettre en exécution... »

Restait pour moi à couronner mon fils survivant, Louis, roi d'Aquitaine, de la dignité impériale. Ce fut le temps de l'émotion, la joie mêlée de tristesse et aussi de hâte, car je sentais la mort s'emparant déjà de mon corps.

Je convoquais à Aix les évêques, les abbés, les comtes, les prêtres, les diacres et les puissants. Ils vinrent de toutes les provinces de l'Empire et quand je demandai s'ils étaient d'avis que je remette à mon fils Louis le titre impérial, tous répondirent :
« C'est conforme à la volonté de Dieu et à l'intérêt du royaume. »

Le dimanche 11 septembre de l'an 813, j'entrai dans la chapelle d'Aix vêtu des insignes impériaux, et ma couronne me paraissait si lourde que je craignais qu'elle ne m'écrasât, que je ne réussisse pas à avancer jusqu'à l'autel.
Je me suis appuyé sur l'épaule de mon fils. Et j'ai tremblé d'émotion en sentant pénétrer dans mon corps son énergie d'homme vigoureux d'à peine trente-cinq années, et j'en avais soixante et onze !

Nous avons ensemble longuement prié, puis montrant la couronne d'or que j'avais fait déposer sur l'autel, je dis à Louis :
« Je t'avertis par-dessus tout d'aimer et de craindre Dieu tout-puissant, d'observer ses préceptes et de défendre ses églises.
« Montre-toi toujours miséricordieux pour tes sœurs, tes neveux et tous tes proches... Honore les prêtres comme des pères, aime les peuples comme tes fils.
« Au besoin, par la force, fais entrer dans la voie du salut les superbes et les criminels, sois le consolateur des monastères et le père des pauvres,

choisis des ministres fidèles, incorruptibles et craignant Dieu, ayant en haine les présents, ne dépouille aucun homme de sa charge sans motif, montre-toi irrépréhensible en tout temps, devant Dieu et devant le peuple. »

Ma voix n'a pas tremblé quand j'ai demandé à Louis s'il voulait obéir à ces commandements.
Mon fils roi d'Aquitaine a répondu par un « oui » qui avait la force d'un coup de glaive.
J'ai pris la couronne d'or déposée sur l'autel et je l'ai placée sur la tête de mon héritier.

« Vive l'empereur Louis », a crié la foule.
On célébra la messe et je suis resté appuyé à l'épaule de mon fils.
Puis j'ai remercié Dieu :
« Sois béni, Seigneur Dieu, toi qui m'as donné de voir aujourd'hui de mes yeux un fils né de moi, assis sur mon trône. »

34.

Éginhard

Le lendemain du couronnement du roi Louis d'Aquitaine, l'empereur m'a convoqué dans sa chambre royale au cœur du palais d'Aix. Je me suis mis à trembler.

Je connaissais les impitoyables colères de Karolus Magnus. J'avais chaque nuit, depuis près de trois années, retranscrit, à sa demande, les confessions – il n'y a pas d'autre mot – de celui qu'on appelait le Glorieux, l'Illustre, le Victorieux, le Sage. Mais il était aussi celui qui avait ordonné qu'on tranchât la tête à plus de quatre mille Saxons à Verden.

Et souvent, au cours de ces longues pérégrinations la nuit dans le palais d'Aix, il s'était arrêté, m'avait fixé de ses yeux aigus, deux pointes de dague, et avait hoché la tête, comme s'il hésitait.

Il pouvait d'un geste me condamner, me faire tonsurer et donner l'ordre de m'enfermer pour le restant de ma vie dans un monastère.

Il avait ainsi confiné entre des murs de pierre des nobles lombards, son propre fils, ce malheureux fils Pépin le Bossu dont Charlemagne avait chassé la mère. Et le fils avait voulu tuer Karolus Magnus, son propre père.

Mon corps avait donc tremblé, et j'avais eu la tentation de m'enfuir, de rejoindre Louis d'Aquitaine, avec lequel j'avais noué des liens d'amitié et que Karolus Magnus, après l'avoir couronné, avait renvoyé dans son royaume d'Aquitaine.
Les gardes de l'empereur s'étaient avancés vers moi, la main sur la garde de leur glaive.
— Éginhard, l'empereur t'attend, avait dit le chef de cette cohorte.
Et j'avais suivi l'officier.

J'avais remis à l'empereur quelques heures plus tôt le manuscrit où j'avais chaque jour, depuis près de trois ans, relaté les confessions nocturnes de Karolus Magnus.
Je me suis souvenu des quelques mots qu'une nuit, après m'avoir longuement dévisagé, l'empereur avait prononcés :
— Éginhard, tu es celui qui me connaît le mieux. Je n'ai rien dissimulé, tu sais donc tout de moi. Crois-tu que cela soit sage ? Tu peux vendre à mes ennemis ce que tu as appris. Tu peux attendre ma mort et raconter à ta guise la « vie de Charlemagne, empereur chrétien ».
Il s'était approché de moi et j'avais ployé la nuque sous son regard. Il m'avait semblé

entendre glisser la lame de son poignard contre l'étui. Je m'étais agenouillé.

— Relève-toi, Éginhard, nous sommes chrétiens et non sarrasins, perses ! Ou pire encore, byzantins !

Il avait recommencé à marcher.

— Tu me juges bien mal, Éginhard, ou peut-être as-tu la conscience noire !

J'avais oublié ces soupçons de Karolus Magnus.

Maintenant ils battaient dans ma tête, comme un tambour qui annonce l'exécution du coupable, traître ou saxon...

Peut-être l'empereur avait-il déjà brûlé le manuscrit et j'étais la dernière page qu'il allait réduire en cendres !

Mais je ne pouvais fuir, les gardes du corps m'encadraient.

L'officier avait ouvert la porte de la chambre royale, et dans la pénombre j'avais aperçu Karolus Magnus, allongé sur son lit.

D'un mouvement de tête, il avait ordonné aux gardes du corps de quitter la chambre.

Puis de sa main gauche ouverte, il m'avait fait signe d'avancer.

La crainte et l'émotion se mêlaient en moi et me paralysaient.

Je craignais que mes jambes, tout à coup, ne plient.

J'ai balbutié quelques mots.

L'empereur m'a à nouveau demandé, levant un peu plus haut la main, de m'approcher.

— Éginhard, nous en avons fini, avait-il ajouté d'une voix sourde. Tu as écrit droit et juste.

Il s'est tourné et a posé la main sur le manuscrit ouvert sur le lit à côté de lui.

La dévotion que j'avais envers lui a emporté ma peur. Je me suis agenouillé, j'ai récité le Notre Père.

Mais c'est au grand et orthodoxe empereur, au protecteur de la Sainte Église que s'adressait ma prière.

Je l'avais vu pour la première fois en l'an 792, j'avais dix-sept ans. Alcuin avait obtenu que je sois admis dans le cercle des lettrés qui entourait celui qui n'était pas encore empereur.

Il avait cinquante ans. Sa force rayonnait et c'est à peine si j'avais osé le regarder, veillant à ne pas croiser le feu vif de ses yeux.

Il était l'homme que Dieu avait choisi pour exercer l'autorité sur les peuples, les rassembler et les convertir.

Il avait réussi, et maintenant il était là, couché, la fatigue creusant ses traits, le souffle rauque.

Et j'ai commencé à pleurer.

— Demain, avait-il dit, ne prêtant pas attention à mes sanglots, je pars chasser dans la forêt des Ardennes.

Il avait souri, hoché la tête.

— Tu n'aimes pas la chasse au loup, au cerf, à l'ours. Mais tu sais t'emparer des mots. Tu es un grand chasseur de mots.

Il avait lentement parcouru la chambre en me faisant signe de me redresser.

— Nous reverrons-nous, Éginhard ?

Il s'est approché de moi et je me suis agenouillé une nouvelle fois.

— Reste aux côtés de mon fils, a-t-il dit. Apprends-lui les mots. Il n'en connaît qu'une poignée. Et lis-lui ce que je t'ai dit de ma vie.

Il m'a tourné le dos et je sus qu'il me fallait partir.

Je l'ai observé quelques instants. Il boitait. Il était voûté, comme si sa tête cherchait l'appui de sa poitrine.

Il m'a fait face.

— Oui je suis vieux, Éginhard, Dieu m'attend. Si nombreux sont ceux qui sont déjà partis, j'avais deux fils que j'avais faits rois.

Il avait tout à coup brandi son poing.

— Mais c'est la volonté de Dieu. Ils sont morts pour la grandeur et le bien de l'Empire chrétien. Va, Éginhard, sers Dieu.

Je me suis éloigné à reculons.

J'allais franchir le seuil de la chambre quand Karolus Magnus a murmuré :

— Sois près de moi le jour de ma mort.

35.

Jamais automne et hiver comme ceux de l'an 813 et du mois de janvier 814 ne m'ont paru aussi longs.

Chaque jour je me rendais au palais, mais les courriers qui apportaient des nouvelles de la chasse impériale se contentaient de répéter : « L'empereur est vif comme un jeune cavalier, il court le cerf, l'ours et le loup, il mène la chasse ainsi qu'il l'a toujours fait. »

J'écoutais, puis j'allais me recueillir dans la chapelle pour prier, appeler la protection de Dieu sur notre empereur chrétien. Et j'offrais ma vie à Notre-Seigneur, pour celle de Karolus Magnus.

Mais regagnant ma demeure située dans les nouveaux quartiers d'Aix-la-Chapelle, l'espoir qui m'avait habité durant mes prières se dissipait.

La ville que j'avais tant aimée se décomposait sous mes yeux comme un corps qui agonise.

Des bandes de gueux vêtus de haillons réclamaient avec haine une aumône, puis s'enfuyaient quand apparaissaient les gardes de la cité. Des femmes s'offraient pour quelques piécettes. La misère et le vice s'affichaient, impudents. L'absence de l'empereur permettait toutes les licences.

Et au palais, on murmurait que ses descendants – et notamment les cinq orphelines du roi d'Italie, Pépin, recueillies par l'empereur – se livraient à toutes les débauches.

On me rapportait que des serviteurs du palais, des proches de Karolus Magnus, des officiers de sa garde non seulement s'abandonnaient à leurs vices, mais, corrompus, s'appropriaient les ornements, les statues et même les trophées qui rappelaient les batailles passées.

Je voyais Aix-la-Chapelle déchiquetée par ces rapaces, ces pillards, ces traîtres, oublieux de ce qu'ils devaient à Karolus Magnus, auquel ils avaient prêté serment.

C'était comme si, sans attendre que le corps de l'empereur y soit inhumé, on violait son tombeau.

Tout cela était signe de mort. Et quand, à la lueur des torches, j'ai aperçu, le 1er novembre de l'an 813, alors que la nuit glaciale enveloppait la ville, Magnus Karolus que des serviteurs aidaient à descendre de sa monture, je n'ai plus douté de sa disparition prochaine.

J'ai prié, demandant seulement à Dieu d'accueillir auprès de lui pour la vie éternelle l'empereur chrétien.

J'ai hanté le palais pour retrouver ces vastes salles, ces couloirs où dans la pénombre j'espérais voir surgir Karolus Magnus, et il me semblait entendre sa voix me raconter sa vie.

Mais il était alité car dès son retour des forêts giboyeuses, le 1er novembre 813, il s'était baigné, comme s'il voulait ne renoncer à aucune de ses habitudes, à aucun de ses plaisirs.

Peut-être souhaitait-il ainsi tenter la mort pour en finir avec cette fièvre qui le terrassait, avec cette douleur qui déchirait sa poitrine.

Le 27 janvier de l'an 814, il convoqua l'archevêque de Cologne, Hildebald, son archichapelain, afin d'en recevoir les derniers sacrements.

Je suis entré dans la chambre et me suis placé dans une encoignure, mais je suis sûr que Karolus Magnus m'a vu.

Il a donc su que son souhait était exaucé.

Le samedi 28 janvier de l'an 814, vers neuf heures du matin, il souleva lentement sa main et se signa sur le front, la poitrine et tout le corps.

Il rapprocha ses pieds, allongea les bras le long de son corps, ferma les yeux et dit dans un souffle :

« Seigneur, je mets mon âme entre tes mains. »

Il avait soixante-douze ans et avait régné, depuis son élévation à la royauté le 9 octobre 768, quarante-cinq ans, trois mois et dix-neuf jours.

Il fut inhumé ce même jour, samedi 28 janvier 814.

On suivit le rituel très simple fixé par Alcuin et Karolus Magnus et qui ne distinguait pas l'empereur du plus humble de ses sujets.

Son corps avait été lavé et revêtu des ornements royaux, une croix d'or suspendue à son cou.

On le plaça dans un sarcophage antique de marbre blanc sur les faces duquel était sculpté l'enlèvement de Proserpine par Pluton assisté de Minerve.

Une fosse avait été creusée dans la terre sous le pavement de la basilique. Le sarcophage y fut descendu.

Après les prières, on replaça les dalles.

Toute la population d'Aix-la-Chapelle avait en larmes accompagné le corps de Karolus Magnus à la basilique. Là étaient tous les puissants.

Le 27 février de l'an 814, Louis, le nouvel empereur, arriva à Aix.

Il fit élever sur le tombeau de son père un monument où figurait à côté de l'image de l'empereur l'inscription suivante :

« Sous ce monument repose le corps de Charles, grand et orthodoxe empereur qui amplifia noblement le royaume des Francs et le gouverna heureusement pendant quarante-cinq années.

« Il mourut septuagénaire l'an du Seigneur 814, septième indiction, le 5 des calendes de février. »

Épilogue

Le 27 février 814, Louis, roi d'Aquitaine, successeur et héritier de Karolus Magnus, arrive à Aix-la-Chapelle.

Cet homme de trente-six ans, aux yeux grands et clairs, au nez long et droit, la poitrine large, les bras puissants, la voix forte, est un chasseur passionné, aguerri.

Son père, Karolus Magnus, a voulu qu'il soit élevé selon « la coutume des Francs ». Louis sait frapper d'estoc et de taille, il lance loin le javelot et sait égorger un vieux cerf.

Mais Charlemagne l'a fait instruire. Louis lit le grec et le latin. Très pieux et dévot, il pleure en priant. Il courbe le front jusqu'à toucher le pavé de la chapelle. On le surnomme le Pieux.

Il a l'âme douce et faible. Autour de lui déjà grouillent les intrigants, les rapaces, ceux qui veulent dépecer l'Empire de Charlemagne au profit de l'un ou l'autre des fils de Louis le Pieux – l'aîné, Lothaire, Pépin et Louis, surnommé le Germanique.

Pépin reçoit l'Aquitaine et la Gascogne, Louis la Bavière, et Lothaire est « associé et héritier » de la puissance paternelle.

Couronné à Aix en 817, Lothaire, à partir du 18 décembre 822, porte le titre d'auguste. Le pape Pascal le sacre en 823.

Lothaire est bien « l'associé » de son père Louis le Pieux, « par la sanctification non moins que par sa puissance et son titre ».

L'inégalité ainsi proclamée entre les descendants ne peut que susciter jalousie, affrontements, guerres.

Bernard d'Italie – petit-fils de Charlemagne – se révolte. Il est battu, condamné à mort, et sa peine est commuée en un terrible supplice. On lui brûle les yeux ! Et il en meurt.

Louis le Pieux est bouleversé. En son palais d'Attigny en 822, il confesse que « dans sa vie, sa foi et ses fonctions, il s'est montré si souvent coupable qu'il lui est impossible d'énumérer toutes les circonstances où il a faibli ».

Est-ce d'un empereur d'avouer ainsi ses fautes alors que l'Empire déjà vacille ?

Louis le Pieux épouse en secondes noces – la mère de ses fils, Ermengarde, est morte en l'an 818 – Judith Welf, fille du comte Welf de Bavière.

La jeune reine est d'une incomparable beauté. En 823, elle donne naissance à un fils, Charles le Chauve, et ce « nouveau » fils doit être « doté », modifiant ainsi l'équilibre qui avait été établi.

Lothaire et ses frères, Pépin et Louis le Germanique, se dressent contre leur père, Louis le Pieux.

L'Empire de Charlemagne est ébranlé.

Les trois frères – Lothaire, Pépin, Louis le Germanique – déposent leur père, d'autant plus que celui-ci a accordé à son dernier fils – Charles le Chauve – d'importantes donations territoriales.

On l'accuse de céder aux plaisirs de la chair que lui offre son épouse Judith, mère de Charles le Chauve.

Malade, Louis le Pieux partage l'Empire entre Lothaire et Charles le Chauve.

Il meurt le 20 juin 840, laissant l'Empire de Karolus Magnus divisé, prêt pour une « guerre des frères ».

« Les combattants, écrit un chroniqueur, n'étaient point divers par leurs armes, ni distincts par leurs mœurs et leur race ; ils étaient aux prises parce qu'ils figuraient dans des camps opposés. »

Charles le Chauve et Louis le Germanique se sont alliés contre Lothaire.

La bataille est engagée le 25 juin 841, à Fontenoy-en-Puisaye, non loin d'Auxerre.

« On y fait grand carnage. Les vêtements des guerriers francs blanchissent la plaine comme les oiseaux ont coutume de le faire en automne. »

On relèvera au moins quarante mille morts.

« On y a donc fait grand carnage, mais aucun parti n'a triomphé. »

Louis le Germanique et Charles le Chauve décident alors de s'allier par un serment qui les engagerait eux et leurs sujets.

Le 14 février 842, ils rassemblent leurs troupes dans la plaine de Strasbourg et les haranguent. L'un et l'autre prononcent un réquisitoire contre Lothaire, qui malgré sa défaite continue de piller, d'incendier, de massacrer, de violer. Ils annoncent qu'ils vont, pour vaincre Lothaire, se prêter serment en présence de leurs hommes.

Louis le Germanique jure le premier et il parle en roman afin d'être compris par les hommes de Charles le Chauve.

« Pour l'amour de Dieu, dit-il, et pour le salut commun du peuple chrétien et le nôtre, à partir de ce jour, autant que Dieu m'en donne le savoir et le pouvoir, je soutiendrai mon frère Charles de mon aide et en toutes choses, comme on doit justement soutenir son frère, à condition qu'il m'en fasse autant, et je ne prendrai jamais aucun arrangement avec Lothaire qui, à ma volonté, soit au détriment de mon dit frère Charles. »

Charles le Chauve répète ce serment mais en langue tudesque.

On l'acclame comme on avait ovationné Louis le Germanique.

Puis les deux peuples, chacun en sa langue, déclarent :

« Si Louis (ou Charles) tient le serment qu'il a juré à son frère Charles (ou Louis) et que Charles le Chauve (ou Louis le Germanique), mon seigneur, de son côté enfreigne le sien, au cas où je ne l'en pourrais détourner, je ne lui prêterai aucun appui, ni moi, ni nul que j'en pourrais détourner. »

Lothaire se rendit à l'évidence et proposa de suspendre les hostilités.
« Chacun gouvernerait sa part le mieux qu'il pourrait avec la protection divine, tous s'accorderaient bienveillance et secours ; la paix serait avec leurs sujets ; il y aurait entre eux, grâce à Dieu, paix perpétuelle. »
Le traité fut conclu à Verdun au mois d'août 843.
Lothaire gardait le titre d'empereur, mais il n'avait plus aucune autorité sur ses frères devenus ses pairs.
Chacun des trois royaumes était indépendant.

Le poète Florus commente ainsi le traité de Verdun :
« Hélas où est-il cet empire qui s'était donné pour mission d'unir par la foi des races étrangères et d'inspirer aux peuples domptés le frein du salut...
« Il a perdu son honneur et son nom...
« ... Au lieu d'un roi, il y a un roitelet, au lieu d'un royaume, des fragments de royaume. »

Le poète dit vrai.
Le traité de Verdun commençait la séparation de l'Italie, de la future France et de la future Allemagne.

Le germe était en place qui donnerait naissance aux nations.

Charlemagne
Aix-la-Chapelle
Strasbourg
Verdun
C'est l'écho lointain de nos origines, d'une histoire que rien ne peut effacer, sinon la disparition de notre civilisation.

Ouvrages de Max Gallo

Autobiographie
L'oubli est la ruse du diable, XO Éditions, 2012.

Romans
Le Cortège des vainqueurs, Robert Laffont, 1972.
Un pas vers la mer, Robert Laffont, 1973.
L'Oiseau des origines, Robert Laffont, 1974.
Que sont les siècles pour la mer, Robert Laffont, 1977.
Une affaire intime, Robert Laffont, 1979.
France, Grasset, 1980 (et Le Livre de Poche).
Un crime très ordinaire, Grasset, 1982 (et Le Livre de Poche).
La Demeure des puissants, Grasset, 1983 (et Le Livre de Poche).
Le Beau Rivage, Grasset, 1985 (et Le Livre de Poche).
Belle Époque, Grasset, 1986 (et Le Livre de Poche).
La Route Napoléon, Robert Laffont, 1987 (et Le Livre de Poche).
Une affaire publique, Robert Laffont, 1989 (et Le Livre de Poche).
Le Regard des femmes, Robert Laffont, 1991 (et Le Livre de Poche).
Un homme de pouvoir, Fayard, 2002 (et Le Livre de Poche).
Les Fanatiques, Fayard, 2006 (et Le Livre de Poche).
Le Pacte des assassins, Fayard, 2007 (et Le Livre de Poche).
La Chambre ardente, Fayard, 2008 (et Le Livre de Poche).
Le Roman des rois, Fayard, 2009 (et Le Livre de Poche).
Caïn et Abel, le premier crime, Fayard, 2011 (et J'ai lu).
Dieu le veut, XO Éditions, 2015.

Suites romanesques

LA BAIE DES ANGES :
I. *La Baie des Anges*, Robert Laffont, 1975 (et Pocket).
II. *Le Palais des Fêtes*, Robert Laffont, 1976 (et Pocket).
III. *La Promenade des Anglais*, Robert Laffont, 1976 (et Pocket).
(Parue en un volume dans la coll. « Bouquins », Robert Laffont, 1998.)

LES HOMMES NAISSENT TOUS LE MÊME JOUR :
I. *Aurore*, Robert Laffont, 1978.
II. *Crépuscule*, Robert Laffont, 1979.

La Machinerie humaine :
La Fontaine des Innocents, Fayard, 1992 (et Le Livre de Poche).
L'Amour au temps des solitudes, Fayard, 1992 (et Le Livre de Poche).
Les Rois sans visage, Fayard, 1994 (et Le Livre de Poche).
Le Condottiere, Fayard, 1994 (et Le Livre de Poche).
Le Fils de Klara H., Fayard, 1995 (et Le Livre de Poche).
L'Ambitieuse, Fayard, 1995 (et Le Livre de Poche).
La Part de Dieu, Fayard, 1996 (et Le Livre de Poche).
Le Faiseur d'or, Fayard, 1996 (et Le Livre de Poche).
La Femme derrière le miroir, Fayard, 1997 (et Le Livre de Poche).
Le Jardin des Oliviers, Fayard, 1999 (et Le Livre de Poche).

Bleu blanc rouge :
I. *Mariella*, XO Éditions, 2000 (et Pocket).
II. *Mathilde*, XO Éditions, 2000 (et Pocket).
III. *Sarah*, XO Éditions, 2000 (et Pocket).

Les Patriotes :
I. *L'Ombre et la Nuit*, Fayard, 2000 (et Le Livre de Poche).
II. *La flamme ne s'éteindra pas*, Fayard, 2001 (et Le Livre de Poche).
III. *Le Prix du sang*, Fayard, 2001 (et Le Livre de Poche).
IV. *Dans l'honneur et par la victoire*, Fayard, 2001 (et Le Livre de Poche).

Morts pour la France :
I. *Le Chaudron des sorcières*, Fayard, 2003 (et J'ai lu).
II. *Le Feu de l'enfer*, Fayard, 2003 (et J'ai lu).
III. *La Marche noire*, Fayard, 2003 (et J'ai lu).
(Parus en un volume, Fayard, 2008.)

L'Empire :
I. *L'Envoûtement*, Fayard, 2004 (et J'ai lu).
II. *La Possession*, Fayard, 2004 (et J'ai lu).
III. *Le Désamour*, Fayard, 2004 (et J'ai lu).

La Croix de l'Occident :
I. *Par ce signe tu vaincras*, Fayard, 2005 (et J'ai lu).
II. *Paris vaut bien une messe*, Fayard, 2005 (et J'ai lu).

Politique-fiction

La Grande Peur de 1989, Robert Laffont, 1966.
Guerre des gangs à Golf-City, Robert Laffont, 1991.

Histoire, essais

L'Italie de Mussolini, Librairie académique Perrin, 1964, 1982 (Marabout ; coll. « Texto », Tallandier, 2011).
L'Affaire d'Éthiopie, Le Centurion, 1967.
Gauchisme, réformisme et révolution, Robert Laffont, 1968.
Histoire de l'Espagne franquiste, Robert Laffont, 1969.
Cinquième Colonne, 1939-1940, Éditions Plon, 1970, 1980 ; Éditions Complexe, 1984.
Tombeau pour la Commune, Robert Laffont, 1971.
La Nuit des longs couteaux, Robert Laffont, 1971, 2001 (coll. « Texto », Tallandier, 2010).
La Mafia, mythe et réalités, Seghers, 1972.
L'Affiche, miroir de l'histoire, Robert Laffont, 1973, 1989.
Le Pouvoir à vif, Robert Laffont, 1978.
Le XXe Siècle, Librairie académique Perrin, 1979.
La Troisième Alliance, Fayard, 1984.
Les idées décident de tout, Galilée, 1984.
Lettre ouverte à Robespierre sur les nouveaux muscadins, Albin Michel, 1986.
Que passe la justice du roi, Robert Laffont, 1987 ; Éditions Complexe, 2011.
Les Clés de l'histoire contemporaine, Robert Laffont, 1989 ; Fayard, 2001 (et Le Livre de Poche, éd. mise à jour, 2005).
Manifeste pour une fin de siècle obscure, Odile Jacob, 1989.
La gauche est morte, vive la gauche !, Odile Jacob, 1990.
L'Europe contre l'Europe, Éditions du Rocher, 1992.
Jè. Histoire modeste et héroïque d'un homme qui croyait aux lendemains qui chantent, Stock, 1994 (et Mille et Une Nuits).
L'Amour de la France expliqué à mon fils, Le Seuil, 1999.
Fier d'être français, Fayard, 2006 (et Le Livre de Poche).
L'Âme de la France : une histoire de la nation des origines à nos jours, Fayard, 2007 (J'ai lu, 2 volumes).
La Grande Guerre (préface à...), XO Éditions, 2008.
Histoires particulières, CNRS Éditions, 2009.

Révolution française :
I. *Le Peuple et le Roi*, XO Éditions, 2009.
II. *Aux armes, citoyens !*, XO Éditions, 2009.

Dictionnaire amoureux de l'Histoire de France, Plon, 2011 (et Pocket).

Une histoire de la Deuxième Guerre mondiale :
1940, de l'abîme à l'espérance, XO Éditions, 2010 (et Pocket).
1941, le monde prend feu, XO Éditions, 2011 (et Pocket).
1942, le jour se lève, XO Éditions, 2011 (et Pocket).
1943, le souffle de la victoire, XO Éditions, 2011 (et Pocket).
1944-1945, le triomphe de la liberté, XO Éditions, 2012 (et Pocket).

Une histoire de la Première Guerre mondiale :
1914, le destin du monde, XO Éditions, 2013.
1918, la terrible victoire, XO Éditions, 2013.

La Chute de l'Empire romain, XO Éditions, 2014.

Biographies

Maximilien Robespierre, histoire d'une solitude, Librairie académique Perrin, 1968 (et Pocket, et Tempus, 2008).
Garibaldi, la force d'un destin, Fayard, 1982 (coll. « Texto », Tallandier, 2012).
Le Grand Jaurès, Robert Laffont, 1984, 1994 (et Pocket, et coll. « Bouquins », Robert Laffont, 2011).
Jules Vallès, Robert Laffont, 1988 (et coll. « Bouquins », Robert Laffont, 2011).
« Moi, j'écris pour agir. » Vie de Voltaire, Fayard, 2008 (et Pocket, 2012).
Jeanne d'Arc, jeune fille de France brûlée vive, XO Éditions, 2011.
François Ier, roi de France, Roi-Chevalier, prince de la Renaissance française, XO Éditions, 2014.

Napoléon :
I. *Le Chant du départ*, Robert Laffont, 1997 (et Pocket).
II. *Le Soleil d'Austerlitz*, Robert Laffont, 1997 (et Pocket).
III. *L'Empereur des rois*, Robert Laffont, 1997 (et Pocket).
IV. *L'Immortel de Sainte-Hélène*, Robert Laffont, 1997 (et Pocket).

De Gaulle :
I. *L'Appel du destin*, Robert Laffont, 1998 (et Pocket).
II. *La Solitude du combattant*, Robert Laffont, 1998 (et Pocket).

III. *Le Premier des Français*, Robert Laffont, 1998 (et Pocket).
IV. *La Statue du Commandeur*, Robert Laffont, 1998 (et Pocket).

Rosa Luxemburg :
Une femme rebelle, vie et mort de Rosa Luxemburg, Fayard, 2000.

Victor Hugo :
I. *Je suis une force qui va !*, XO Éditions, 2001 (et Pocket).
II. *Je serai celui-là !*, XO Éditions, 2001 (et Pocket).

Les Chrétiens :
I. *Le Manteau du soldat*, Fayard, 2002 (et Le Livre de Poche).
II. *Le Baptême du roi*, Fayard, 2002 (et Le Livre de Poche).
III. *La Croisade du moine*, Fayard, 2002 (et Le Livre de Poche).

César Imperator, XO Éditions, 2003 (et Pocket).

Les Romains :
I. *Spartacus, la révolte des esclaves*, Fayard, 2006 (et J'ai lu).
II. *Néron, le règne de l'Antéchrist*, Fayard, 2006 (et J'ai lu).
III. *Titus, le martyre des Juifs*, Fayard, 2006 (et J'ai lu).
IV. *Marc Aurèle, le martyre des chrétiens*, Fayard, 2006 (et J'ai lu).
V. *Constantin le Grand : l'empire du Christ*, Fayard, 2006 (et J'ai lu).

Louis XIV :
I. *Le Roi-Soleil*, XO Éditions, 2007 (et Pocket).
II. *L'Hiver du grand roi*, XO Éditions, 2007 (et Pocket).
L'intégrale de Louis XIV : *La Vie du grand roi*, XO Éditions, 2015.

Jésus, l'homme qui était Dieu, XO Éditions, 2010.
Machiavel et Savonarole. La Glace et le Feu, XO Éditions, 2015.
Richelieu, la foi dans la France, XO Éditions, 2015.

Conte

La Bague magique, Casterman, 1981.

En collaboration

Au nom de tous les miens de Martin Gray, Robert Laffont, 1971 (et Pocket).

Achevé d'imprimer
sur Roto-Page
par l'Imprimerie Floch
à Mayenne
en janvier 2016

Composé par Nord Compo Multimédia
7, rue de Fives, 59650 Villeneuve-d'Ascq

N° d'édition : 3130/01 – N° d'impression : 89285
Dépôt légal : février 2016
Imprimé en France